les plus beaux

# MARIAGES de PLANTES

les plus beaux
# MARIAGES de PLANTES

**Jill Billington**

Photographies de
**Clive Nichols**

BORDAS

## Édition originale

*Planting Companions*

Ryland Peters & Small Ltd
Cavendish House
51-55 Mortimer Street
London W1N 7TD



## Édition française

Traduction et adaptation
de Philippe Bonduel

*Responsable d'édition :* Catherine Delprat
*Édition :* Valérie Herman
*Coordination éditoriale :* Catherine Maillet
*Lecture-Correction :* Monique Bagaïni, Madeleine Biaujeaud
*Couverture :* Véronique Laporte
*Fabrication :* Claire Svirmickas, Tatiana Nadin
*Composition :* Compo 2000

Photo de la 1re de couverture :
*Helleborus hybridus* x *guttatus* (à droite),
*Helleborus* x *sternii* 'Dwarf Farm' (à gauche),
*Mertensia virginica* (en haut).
Photo © Map/Arnaud Descat.



ISBN : 2-04-027241-0
Dépôt légal : septembre 1998
Imprimé en Chine, en janvier 2002

# SOMMAIRE

# LES STYLES DE JARDINS

Au jardin, notre souhait, en général, est de réaliser des associations harmonieuses avec nos plantes favorites. Y parvenir dans un espace restreint est souvent une gageure. Tout jardin peut être beau mais, par méconnaissance des choix possibles, la tâche se révèle parfois ardue. Vous échapperez à bien des tracas en prenant dès le départ

les bonnes décisions pour l'achat des plantes que vous associerez. Ce livre vous y aidera : sa première partie traite de la conception du jardin, la seconde résout les problèmes liés à l'utilisation des plantes et aux effets du temps sur leurs associations. Ainsi, plus rien ne vous paraîtra mystérieux dans l'art de marier les plantes.

Ci-dessus

**Dans la lumière frisante du soir, les hampes des digitales jaillissent fièrement d'un épais tapis de myosotis.**

À droite

**Des lupins jaunes et *Sisyrinchium striatum*, crème, émergent au centre d'une composition de fenouils et d'alchémilles mousseuses.**

## TROUVER SON STYLE

Il suffit d'une visite dans une galerie d'art pour constater que chaque artiste a sa vision personnelle du monde. Il en est de même en ce qui concerne les jardins. D'aucuns les souhaiteront géométriques, d'autres les préféreront sauvages. Le jardin correspond à la personnalité et chacun doit s'interroger sur le style général qu'il veut obtenir : régulier, romantique, naturel, moderne… La véritable question à se poser est : « Quel est le jardin de mes rêves, et comment le réaliser ? »

**Les jardins réguliers** Connus dans toutes les civilisations, ils ont des caractéristiques communes : chaque partie y est simple, souvent composée de figures géométriques (rectangles, arcs de cercles). On y retrouve des éléments permanents tels que bancs, tonnelles, pergolas, avec des statues, des jarres, des fontaines, des bassins… Sur le modèle des premiers jardins symétriques d'Égypte et du jardin clos de la Rome antique, ces jardins se sont répandus dans l'Italie, la France et l'Angleterre médiévales. Certains jardins du XX^e siècle sont inspirés des mêmes principes.

À droite

**À la fois régulier et romantique, avec cyprès de Provence et buis taillés autour d'un bassin, ce jardin méditerranéen s'intègre bien au paysage.**

Ci-dessous

**Ce jardin régulier se développe autour d'un carré central ponctué d'ifs taillés, de *Carex elata* 'Aurea' et *Alchemilla mollis*.**

Ci-dessus

**La régularité est donnée ici par l'axe central pavé ; le feuillage flou de l'alchémille et les masses de rosiers 'Iceberg' ne l'entravent en rien.**

La circulation, dans ce type de jardin, est facile, le cheminement possible, nettement indiqué. Entrées et sorties sont soulignées par des détails tels que des topiaires appariées ; des murs ou des haies bien nettes délimitent la surface. Des plantes basses comme le buis (*Buxus sempervirens*) ou *Sarcococca hookeriana humilis*, la lavande (*Lavandula*) et des variétés de santolines ourlent les plates-bandes.

Le jardin régulier aura toujours du succès. Sa simplicité rassure, et une certaine liberté reste possible dans ces cadres géométriques où les plantes peuvent tout envahir. Les couleurs vives, et même les végétaux au port désordonné, tels les rosiers arbustifs ou l'alchémille (*Alchemilla mollis*), prennent belle allure dans une structure régulière. Bien que strict, ce jardin peut être planté et cultivé de façon romantique et sensuelle.

La régularité n'est pas réservée aux jardins des demeures historiques. La simplicité remarquable des tracés donne une élégance et une sobriété qui s'adaptent tout aussi bien aux constructions modernes. Nombre de paysagistes actuels emploient la géométrie pour créer des espaces nets avec des formes se répétant en rangées ou par groupes : boules de buis, conifères, finement élancés et bien espacés, structurent le jardin où des plantes naturellement pittoresques jouent le rôle de sculptures.

**Les jardins romantiques** Vous préférez peut-être le genre romantique, bien illustré par les jardins dits « campagnards » ou de curés. Gertrud Jekyll, conceptrice de jardins au début du XXe siècle, écrivait à ce propos : « Ils ont un charme simple et gracieux qu'on chercherait en vain dans les jardins plus élaborés. » De tels jardins sont, en fait, conçus pour tirer parti d'un terrain restreint et n'ont pas grand-chose à voir avec ce qu'on entend aujourd'hui par jardin campagnard. Cependant, l'idée d'un charmant laisser-aller, avec des rosiers mêlés aux arbres fruitiers et aux légumes aussi bien qu'à la lavande et au chèvrefeuille, peut séduire. L'idée générale du jardin romantique implique un tracé libre, aux allées souvent courbes, avec des coins secrets, un peu de mystère.

L'évocation du passé est une autre caractéristique du style romantique, comme du jardin de curé. Vous pourrez y ménager des perspectives originales, dignes de tableaux romantiques. Des murets de pierre disparaîtront sous les clématites et les rosiers, aux pieds garnis d'un tapis de vivaces herbacées. La végétation sera vaporeuse, grâce aux drapés de gypsophile et de fenouil (*Foeniculum vulgare*) entourant des lupins, des coquelicots et des composées de toutes sortes, mêlés à de brillants feuillages.

Le parfum des fleurs ou des feuilles est un autre élément romantique. Certains végétaux exhalent du parfum toute l'année. Les fleurs à fragrance nocturne sont particulièrement bienvenues près de la maison.

La lumière joue un rôle primordial. La luminosité souligne les couleurs vives, et certaines fleurs prennent tout leur éclat en plein soleil. La délicatesse des pastels, en revanche, se révèle mieux sous une lumière tamisée, où primevères, anémones et juliennes apporteront leur doux éclat crème et blanc. Les fleurs blanc pur, quant à elles, peuvent être séduisantes au soleil et donnent, alliées à des feuillages argentés et des gammes de fleurs pastel, un effet puissamment romantique. Les lumières du matin et du soir produisent des ombres discrètes et conviennent aux fleurs pâles.

À gauche

**Ce petit poirier argenté (*Pyrus salicifolia* 'Pendula') se détache dans une allée de graviers bordée de roses roses, d'œillets et de *Allium cristophii.***

En haut à droite

**La rose de Provins (*Rosa gallica officinalis*) et sa forme panachée (*R. gallica* 'Versicolor') forment un ensemble romantique avec *Nepeta sibirica.***

À droite

**Cette bordure est garnie de lupins, de pavots, de chardons azurés (*Echinops*) et de delphiniums ; *Limnanthes douglasii* et *Mimulus* se répandent sur le gazon.**

**Les jardins sauvages** Le mouvement écologiste a pris de l'ampleur depuis le « flower power » des années 60, mais, déjà à l'époque de la reine Victoria, le jardin sauvage avait connu, avec William Robinson, un de ses premiers créateurs. Récemment, l'idée de protection de la nature s'est encore développée, suscitant, avec elle, un style de jardin sauvage, à la fois artistique et paysager.

Ce style cherche à ne pas bouleverser dans nos jardins l'aspect naturel de la campagne, mais plutôt à souligner les qualités des sites. Les parterres classiques n'associent les plantes que pour l'esthétique. À l'opposé, on peut se donner pour objectif l'équilibre lié à l'association de plantes d'un même milieu, celles-ci étant naturellement armées pour y prospérer et demandant peu de soins, ce qui correspond bien à ce que recherche le jardinier d'aujourd'hui. Dans un climat chaud et sec, la flore locale comprendra des feuillages étroits, bien adaptés à cette aridité. Inversement, en terrain frais et riche, par exemple en sous-bois, la végétation sera dense et luxuriante. Tirer parti de la nature et planter des végétaux adaptés – autrement dit jardiner « écologique » – est donc une solution séduisante (voir p. 112 à 131).

Dans les pâtures ou les prairies sauvages, les plantes poussent en « nappes ». Les paysagistes américains James von Sweden et Wolfgang Oehme ont créé un nouveau style de jardins, ouverts, calqués sur ce style de plantation naturelle et floue. Le sol y est couvert de masses de graminées d'ornement et de plantes herbacées. En Angleterre, les jardins sur gravier de Beth Chatto, très frappants, montrent que « beauté » rime avec « liberté ». Le plus petit espace urbain peut accueillir l'un ou l'autre de ces deux styles.

N'en déduisez pas pour autant que seules nos plantes indigènes doivent y être employées. Les végétaux voyagent avec l'homme, s'adaptent à des milieux variés et enrichissent la flore locale. Celle-ci est d'ailleurs souvent composée de plantes envahissantes, s'appropriant l'eau, l'espace et la lumière. Les hybrides sont plus accommodants et

En médaillon, ci-contre

**Ces plantes semi-apprivoisées ont été judicieusement plantées en un savant abandon dans l'herbe haute, pour donner un effet champêtre. On y trouve des amateurs d'ombre : *Geum* 'Borisii', *G.* 'Georgenburg', *Tradescantia* x *andersoniana* 'Zwanenburg Blue' et les épis pourprés de *Gladiolus communis byzantinus*, bulbe de fin de printemps.**

Ci-dessus
**Ce vaste jardin, très naturel, fait appel aux feuillages plus qu'aux fleurs. Érables et azalées colorent vivement l'automne.**

À gauche
**Un sentier forestier, serpentant au pied d'un tertre, est judicieusement bordé de *Scilla bithynica* naturalisée au fil du temps.**

plus beaux en général, et il peut être intéressant d'y avoir recours. Les sélections résistant aux maladies ont également leur attrait, mais introduire ces nouvelles plantes dans le jardin naturel demande un certain travail de recherche préalable. Assurez-vous que les plantes choisies sont écologiquement compatibles et vous obtiendrez un style sauvage évoquant la nature sans ses contraintes.

Dans votre composition, n'écartez surtout pas arbres et arbustes ; les feuillages et baies d'automne rappellent à coup sûr la campagne. Comme pour les vivaces, les sélections seront souvent meilleures que le type sauvage. Les bouleaux et les sorbiers (*Sorbus*), par exemple, se marieront aux cornouillers (*Cornus*) et rosiers sauvages. Des compositions aux exigences comparables sont charmantes et décoratives. Elles garderont un petit air campagnard, même en pleine ville.

**Les jardins contemporains** Dès la fin du XIXe siècle, les paysagistes ont renoncé aux compositions géométriques pour mettre en valeur la simplicité de la nature. De fait, en Europe et aux États-Unis, les plantes sont désormais disposées de façon moins rigide, et les sauvageonnes mariées aux cultivars. Les jardiniers prennent en compte avec précision leurs exigences naturelles ; c'est ainsi que naissent des compositions équilibrées de plantes aux besoins similaires, qui atteignent leur maturité en quelques années.

Ces compositions sont disposées en nappes floues, ou, avec des plantes touffues par nature, qui s'installent dans tout leur volume, sans être tassées en colonies surpeuplées. Certaines, telles les molènes et *Veronicastrum* élancés ou les masses denses des géraniums, forment des groupes serrés, mêlés de graminées souples qui donnent un peu de liberté à l'ensemble. En bref, les végétaux sont, là, espacés, libres et à l'aise. Cette conception doit étudier la forme, l'espace, la couleur et le mouvement, mais elle utilise aussi les jeux de lumière, l'éclairage latéral ou le contre-jour soulignant les contours. Les plantes ne sont pas rigoureusement rangées par taille, les grandes au fond, les petites devant. Au contraire, le regard doit traverser les plus hautes, telle *Verbena bonariensis*, pour apercevoir les détails à l'arrière-plan, la vue étant « filtrée » par les premiers plans. Au fil des saisons, les premiers rôles alternent : les astrances et les pavots laissent la place aux *Macleaya cordata*, aux phlox, aux plantains. Fanées, nombre de plantes sont laissées sur place, comme dans la nature, et les graines, les herbes sèches, givrées, donneront un spectacle hivernal.

Grande photo, ci-contre

***Eupatorium purpureum, Veronicastrum virginicum album* et *Atriplex hortensis rubra* dominent ici des phlox et des monardes clairs, et de l'armoise argentée.**

En médaillon

***Echinacea purpurea* 'Magnus' rose fait bel effet dans les herbes où figure le mince *Calamagrostis* x *acutiflora* 'Karl Foerster'.**

Ci-dessus

**Les fleurs argentées de l'armoise 'Jim Russell' se mêlent à la monarde rose 'Cherokee' et au pourpre *Atriplex hortensis rubra.***

À gauche

***Angelica gigas*, acajou, domine les monardes 'Purple Ann' et 'Oudlof's Charm', *Deschampsia* 'Gold Tan' et *Miscanthus sinensis* 'Flamingo'.**

Par ailleurs, les végétaux franchissent les frontières de plus en plus facilement, comme nous-mêmes, au point que nous arrivons à cultiver les végétaux tropicaux sous un climat tempéré ; mais ceux-ci sont les seuls qui ne puissent survivre où que ce soit sans l'intervention humaine. Ainsi, il est possible de faire prospérer un bosquet d'eucalyptus en Bretagne et des lotus en Vendée.

Le jardin moderne emploie également des matériaux, naturels ou non, tels que le plastique, le verre, le bois et le gravier. Des artistes s'y intéressent, prêts à tout essayer. L'emploi des textures, formes et couleurs végétales nous prépare peut-être, qui sait, aux jardins du XXIe siècle...

À gauche

**Ce jardin exalte le relief des aéoniums, des agaves, des échevérias, des aloès et des watsonias, contrastant avec les phormiums et les diéramas linéaires.**

À droite

**Ce charmant coin de jardin comprend des sols de bois et de gravier qui rehaussent l'élégance des érables, des buis taillés et des graminées.**

Ci-dessous

**Les formes nettes sont ici d'un bel effet. La lavande et les saxifrages moussues forment un tapis au pied d'un érable (*Acer grosseri*).**

**Les jardins modernes** Il est intéressant de voir comment la conception des jardins a évolué au cours du XXe siècle et quelles sont les tendances actuelles. Il semble que le public ait du mal à abandonner les thèmes classiques, même s'ils ne donnent parfois lieu qu'à de pâles copies. L'intérêt se porte également sur la restauration de jardins historiques, bien que l'authenticité des plantations soit délicate et peut-être inutile. Pourquoi employer des plantes fragiles quand il en existe des formes robustes qu'on aurait sûrement préférées à l'époque ? Certes, notre passé nous a fait don d'un héritage de magnifiques jardins, mais il y a place aussi pour la créativité. La popularité du style naturel montre l'évolution intervenue depuis la rigidité des plates-bandes du siècle passé. Nous sommes désormais sensibilisés à l'écologie. Les voyages ouvrent aussi nos horizons en élargissant l'éventail des images et des idées. Par exemple, l'influence du classicisme japonais sur notre philosophie du jardin a été considérable. On admire le dépouillement de ces compositions : les plantes ne s'y bousculent pas et certaines, parfois, telles les santolines, sont taillées pour jouer les sculptures et mariées à des matériaux naturels tels que graviers, pierres et mousses.

# PLANTER POUR L'EFFET VISUEL

# FORMES ET VOLUMES

L'allure générale du jardin lui est donnée par son architecture. Les plantes peuvent être aussi adaptées que les matériaux pour diviser l'espace et délimiter des zones, car elles fournissent un volume dense qu'on peut sculpter comme la pierre. Certaines possèdent une silhouette naturelle imposante et de belle allure.

Quelques-unes, tels les palmiers, se retrouvent spontanément mises en vedette, grâce à leur forte présence architecturale. D'autres, notamment les iris et les hostas, ne sont pas des premiers rôles, mais créent un élégant effet de masse. Ces reliefs végétaux sont indispensables pour éviter toute fadeur dans les compositions. Sans structure dans la plantation, le jardin paraîtrait aussi brouillon qu'une mélodie sans rythme.

Ci-contre

**Une cascade de *Pyrus salicifolia* 'Pendula' encadrée par deux boules de buis, en lisière d'un jardin régulier, a pris le pas sur les autres formes végétales.**

Ci-dessus

**Tout l'effet de ce jardin géométrique aux rosiers-tiges conduits en boules tient aux lavandes et aux santolines taillées en cordons arrondis.**

## LE RÔLE DES FORMES ET DES VOLUMES

Les plantes, comme tous les êtres vivants, adoptent des formes très variées, et, parfois, ces formes sont naturellement si pittoresques qu'elles donnent le ton à tout l'ensemble. Leur bon emploi est garant d'harmonie, il accuse les profondeurs et donne du relief au jardin.

On considère souvent la couleur comme primordiale dans les plantations. Selon moi, c'est la forme qui importe avant tout. Les vieilles photos des plates-bandes créées par Gertrud Jekyll, prises chez elle, à Munstead Wood, en Angleterre, font apparaître combien elle privilégiait la forme dans l'établissement de ses plates-bandes. On célèbre son talent de coloriste, mais nombre de ses plantes-fétiches avaient également une silhouette intéressante. Elle employait l'architecture des lis, des delphiniums, des lupins en arbre (*Lupinus arborescens*) et des roses trémières (*Alcea rosea*) pour donner de l'allure à ses plantations. Ses photos en noir et blanc montrent justement tout l'attrait d'une « mixed-border », même sans la couleur.

Chaque silhouette a son effet particulier dans un massif ou une bordure. Les formes érigées des conifères, des graminées, des bambous et des fleurs en épis choisies par Gertrud Jekyll (voir p. 30-31) frappent la vue dans une composition : elles attirent le regard et retiennent l'attention par leur pittoresque. Avec le recul, leurs lignes verticales s'étirent entre la terre et le ciel. Les formes effilées, comme le plus grand des eremurus (*Eremurus robustus*), les tritomes (*Kniphofia*) et *Persicaria bistorta*, peuvent être un point de mire.

La forme d'une plante peut aussi fixer le regard horizontalement si elle s'étend parallèlement au plan du paysage, à angle droit des silhouettes érigées. *Viburnum plicatum* 'Mariesii' est un classique du genre, avec ses étages de branches horizontales soulignées par des inflorescences en ombelles plates en fin de

Ci-dessus

***Cornus alternifolia* 'Argentea' s'étale par-dessus la vaste ronde des grandes feuilles bleues et charpentées de *Hosta sieboldiana* 'Elegans'.**

À gauche

**Les genévriers d'Irlande (*Juniperus communis* 'Hibernica') sont ici associés à d'autres formes dont celles de *Ligustrum ovalifolium* 'Aureum' sur tige et de *Prunus* x *yedoensis* 'Shidare-yoshino' pleureur.**

nets, linéaires ; elles relèvent les feuillages plus mous des autres végétaux et ordonnent l'éventuel brouillon végétal né d'une trop grande importance donnée aux couleurs.

Les boules, des cistes ou des armoises par exemple, apportent de la stabilité ; ce sont les assises d'un jardin (voir p. 38-39). Dans les jardins réguliers, on les trouve par paires, souvent sous forme de buis taillés, pour ponctuer ou marquer l'entrée d'une allée. Dans les dessins plus libres, elles tempèrent l'exubérance de plantes foisonnantes, et, lorsqu'elles sont réparties en groupes répétés, donnent un mouvement ondulant. Les formes tombantes créent également des sortes de boules, mais c'est leur végétation en cascade qui donne le mouvement (voir p. 34-35). Leur rapport avec les plans horizontaux est illustré au mieux par un gros saule pleureur effleurant un miroir d'eau.

Comme nous le verrons, le mélange des plantes est donc nettement valorisé quand on le ponctue de formes marquées. Il y faut de la circonspection, cependant, l'abondance de formes pittoresques pouvant lasser. Fort heureusement, la plupart des végétaux ne sont pas trop typés et jouent un rôle neutre et d'arrière-plan, servant d'écrin précieux aux vedettes des premiers plans.

Ci-dessus
***Acer palmatum* groupe Viride, avec sa forme arrondie, s'oppose efficacement aux boules nettes de *Allium hollandicum* et aux fuseaux roses de *Persicaria bistorta* 'Superba'.**
À droite
**La silhouette dressée d'un if sombre, *Taxus baccata* 'Fastigiata', répond aux épis dressés du *Kniphofia* 'Goldelse', au premier plan.**

printemps. Le port horizontal est aussi répandu que le vertical, mais son effet est radicalement différent (voir p. 32-33). L'œil ne s'y attarde pas ; il est attiré vers le reste du paysage, voire guidé vers un contour similaire à l'arrière-plan.

Les feuilles longues et acérées comme celles des yuccas donnent de la tenue au jardin, alors que l'élégance discrète des iris, des graminées, des éventails de sisyrinchiums et des masses d'hémérocalles forme un chœur plus discret (voir p. 36-37). En touffes ou en nappes, les plantes aux feuilles rubanées ou lancéolées, tel l'iris des marais (*Iris pseudacorus*), offrent également des motifs

## SAVOIR ASSOCIER FORMES ET VOLUMES

De nombreux végétaux, comme les palmiers, les agaves, les cactées et les yuccas, ont beaucoup de relief, au propre et au figuré, et jouent les centres d'intérêt, comme des sculptures dans une galerie. Ces individualistes supportent mal la concurrence. Cependant, les plantes élancées sont souvent trop minces pour rester seules. Frappantes, elles attirent le regard vers le haut, ce qui rend incongrus les sujets isolés. Songez aux sculptures urbaines de par le monde : les colonnes isolées y sont rarement élégantes. C'est pourquoi nos végétaux seront toujours plus à l'aise dans un groupe.

Dans les mariages, il faut appliquer quelques principes, que nous allons voir en détail. Les verticales étroites, par exemple, peuvent être répétées, à des hauteurs différentes, en divers points du jardin, pour créer des rappels, des liens visuels. Par ailleurs, une même plante en groupe prend de l'étoffe et devient donc visuellement plus présente. Ou bien encore, avec des végétaux d'aspect différent, horizontaux ou arrondis, à leur pied, les verticales sont solidement ancrées dans le sol.

**Les regroupements** Un sujet isolé est une cible pour l'œil, je l'ai déjà dit. Avec un deuxième sujet identique, même éloigné, ce point de mire glisse vers le milieu de la ligne imaginaire qui les relie. En clair, l'œil ne se déplace pas sans cesse de l'un à l'autre mais se repose à mi-chemin. C'est pourquoi on dispose souvent en sentinelles des plantes identiques pour attirer l'attention vers un point important tel qu'une entrée d'allée ou un banc.

Les groupes de trois, eux, s'unissent en un triangle, forme stable et reposante, qu'il soit ou non équilatéral. Un groupe de trois genévriers d'Irlande (*Juniperus communis* 'Hibernica') ou de bouleaux argentés fournira donc un point de mire valable. De même, un ensemble de trois arbustes comme des variétés de *Cornus alba* ou de rosiers en buissons sera d'un bel effet, quelque disposition qu'ils adoptent. C'est également

Ci-dessous

**Quatre buis en cônes réguliers soulignent le tracé d'un carré de dalles, les pensées anciennes du massif, au centre, fournissant dessin et couleur.**

Ci-dessous

**Les formes verticales de *Carnegiea gigantea*, réparties asymétriquement, sont répétées pour affaiblir leur impact et détourner le regard vers les agaves et les aloès.**

le cas pour de nombreuses plantes herbacées, telles les touffes de pavots ou d'hostas. En outre, un groupe de trois végétaux dissemblables sera harmonieux si les trois plantes sont assemblées en pyramide. C'est une combinaison classique, qui comprend un sujet élevé – un romarin fastigié (*Rosmarinus officinalis*), par exemple – avec un arbuste arrondi à son pied, comme une potentille, et une plante étalée telle *Cotoneaster horizontalis*, à la base.

Dès que le chiffre passe à quatre, l'œil cherche automatiquement à diviser les nombres pairs en deux. On pallie cet inconvénient en faisant des plantations par nombre impair, ce qui empêche les ensembles inégaux ainsi créés d'être aisément réduits mathématiquement. Pour un groupe de cinq, par exemple, on aura un élément dominant, comme *Aralia elata*, deux touffes de *Viburnum davidii*, un sujet plus large, de taille moyenne, tel *Acer palmatum dissectum*, et enfin un arbuste rampant, comme *Juniperus horizontalis* pour asseoir le tout.

Si vous souhaitez élargir la scène, cherchez à organiser les masses de plantes en groupes et ensembles cohérents. La solution consiste à repérer d'abord les sujets dominants pour les relier ensuite approximativement, suivant la loi des impairs. Repérez les plantes de forme ou de couleur comparables. Sachant que votre inconscient les rapprochera, travaillez-les comme les groupes impairs, en mêlant grandes et petites. Dès que vous les installerez par paires, la compétition renaîtra, invitant à la division, la régularité et la symétrie. La seule exception à ces lois d'assemblage est la création d'un jardin volontairement géométrique, où règnent les nombres pairs.

Ces conseils sur les regroupements sont destinés à faciliter la conception de votre jardin. Mais il faut bien dire que la végétation ne se plie pas à ces règles strictes : la nature est imprévisible et les plantes drageonnantes ou traçantes vivent à leur gré, totalement ignorantes de la loi des nombres.

Ci-dessous

**Une bordure basse d'hostas en plantation serrée mariée au buisson de *Rosa* x *francofurtana* donne un ensemble triangulaire solide.**

Ci-dessous

**Des plantes grasses (*Agave parryi huachucensis, Senecio mandraliscae*), *Colletia paradoxa* et *Puya coerulea violacea* se disputent ici l'espace.**

En haut

**Ce sentier sinueux est bordé de phlox, de *Saponaria lempergii* 'Max Frei' et de *Astrantia major* 'Claret', ainsi que de *Macleaya cordata, Atriplex hortensis rubra* et *Angelica archangelica*.**

Ci-contre

**Franchement érigé, le feuillage ensiforme des phormiums et des iris crée des lignes bien marquées à la verticale du plan d'eau.**

**Les groupes répétés** L'œil du visiteur, dans un jardin, ne cesse de faire des associations, le plus souvent inconsciemment. Ce n'est qu'en présence d'un dessin « généralisé », une prairie fleurie, par exemple, qu'on échappe à cette règle. On parle alors de « tapis » de fleurs, qui implique un décor à deux dimensions, comme dans le petit point de tapisserie. On peut obtenir un effet charmant en plantant ainsi, sur un seul plan, une ligne régulière d'arbres ou un parterre de fleurs semblables.

Mais il n'est nullement besoin d'une répétition aussi régulière. Dans la masse des fleurs, on repère toujours les feuillages architecturés des cannas ou des phormiums, par exemple ; répétées çà et là dans le jardin, leurs formes nettes accrocheront l'œil et créeront un lien rythmique. L'inimitable *Viburnum davidii*, au port arrondi, peut être disséminé en plusieurs endroits, parfois en trio, parfois seul. Au-dessus, un acacia-boule, comme *Robinia pseudoacacia* 'Inermis', pourra reprendre les lignes courbes, et, ailleurs, un *Cistus* x *hybridus* (syn. *Cistus* x *corbariensis*) y répondra.

Les feuillages charpentés agissent de même. Les hautes lames de crocosmias et de phormiums, ou encore les roseaux et les graminées donnent le même effet. Ces plantes procurent sa cohésion au jardin ; elles peuvent aussi border un ruisseau, tout comme les épis des lupins, des tritomes et des delphiniums, qui se détachent bien de leurs pairs et se répondent par leurs silhouettes. La création des reliefs végétaux est traitée dans « Les rythmes répétés », p. 58-59.

Répéter les formes sert également à souligner les changements de direction dans un sentier sinueux. Vous donnerez l'illusion d'une cause logique aux virages en les bordant d'arbustes ou de vivaces. Je suggère d'y employer des plantes de formes similaires ou identiques, car les méandres du sentier réserveront toujours assez de surprises par ailleurs.

La répétition n'implique pas forcément l'emploi de plantes de même type ou de même taille. Vous pourrez planter un arbre fastigié et une touffe de digitales dans la même scène. Ce rapport fonctionne bien, chaque plante valorisant l'autre. Vous obtiendrez de bons résultats par la simple observation des formes des végétaux et de leurs points communs.

**Distance et perspective** La perspective naît immédiatement au bout d'une classique allée d'arbres. La plupart des jardins ne sont pas assez grands pour un tel effet, mais on obtiendra de la profondeur en répétant les formes végétales, bambous ou graminées par exemple, tant dans la longueur que dans la largeur du terrain. Vous accroîtrez la perspective en plantant près de la maison des sujets semblables, mais de taille différente. Ainsi, un groupe de conifères érigés, tels les ifs fastigiés (*Taxus baccata* 'Fastigiata'), à proximité, sera rappelé plus loin par des arbres plus petits, comme *Juniperus communis* 'Sentinel'. Vous obtiendrez le même résultat en plantant de grands arbustes et des vivaces aux formes marquées près de vous, pour les répéter en réduisant leur taille avec la distance. Pour rapprocher les limites, l'effet peut être inversé en employant au fond des plantes plus floues ou en éclaircissant peu à peu les couleurs. Les peintres exploitent ces effets depuis des siècles. Même les haies taillées, plantées assez près, donnent l'impression d'être éloignées les unes des autres.

Une autre astuce immémoriale consiste à « investir » le paysage, technique connue au Japon sous le nom de *shakkei*. Le propos est de relier le jardin à la campagne environnante. À l'époque classique, la vue lointaine était comme intégrée au jardin à l'aide d'un cadre de plantes choisies. Dans les jardins plus modestes, on reproduira par la silhouette les végétaux lointains pour créer un lien qui franchira la clôture et agrandira les limites apparentes.

Cela peut paraître fantaisiste, mais j'aime comparer une bonne plantation à une partie de football bien menée : le jeu dépend de chaque individu, qui doit savoir où est la balle, mais aussi où se trouve chacun des autres joueurs, pour pouvoir lui passer le ballon. Au jardin, le ballon, c'est l'œil ; les plantes remarquables, les joueurs. Le spectateur va ainsi de plante en plante sans perdre de vue l'unité générale.

En haut

**Le rythme ondulant de ces haies donne sa largeur au jardin tout en montrant où il se termine.**

Ci-contre

**Dans ce jardin, les frontières sont loin d'être précises. La clôture à claire-voie y laisse « entrer » le champ de maïs et les arbres lointains, qui en font ainsi un peu partie.**

**Les groupes contrastés** Je n'ai pas encore parlé en détail de l'intérêt des contrastes de formes. Si tout est convenu dans un jardin, sans alternance de pleins et de vides ou d'ombre et de lumière, ou si la plantation est trop uniforme, le résultat est fade. L'ensemble n'est relevé que par les contrastes, qui lui donnent son cachet et font naître nos émotions. Le cornouiller (*Cornus*), par exemple, naturellement dressé, a une silhouette arrondie dont le pied sera ancré par les étages de branches de *Juniperus sabina* 'Tamariscifolia', alors que *J.* x *media* 'Pfitzeriana' s'oppose à merveille aux piques des phormiums et des yuccas.

De manière moins spectaculaire, de nombreuses vivaces se dressent vers le ciel et se détachent de leurs sœurs plus discrètes. C'est le cas de la sauge (*Salvia* x *superba*), verticale, qui fera le meilleur effet en surgissant de boules de *Anthemis punctata cupaniana*. De même, des épis de lupin rouge seront valorisés par les ombelles des achillées (*Achillea*). Ou bien encore les douces têtes aplaties des sédums associeront dans le sol les herbes folles ou les feuilles raides des phormiums. Le contraste attire l'attention sur la silhouette des plantes, mais crée également une tension bienvenue dans le jardin.

Certaines formes, les verticales entre autres, sont dominantes et se démarquent dans un groupe, tandis que les persistantes, telles que les viornes, offrent une masse solide sur laquelle se détachent les vivaces, délicatement ciselées. Les feuilles larges, comme celles du chou vivace *Crambe cordifolia*, le rendent difficile à placer. Ce sont ses inflorescences en brouillard, semblables à celles d'un gypsophile géant, qui fournissent le contraste. *Salvia pratensis*, aux masses de fins épis bleu clair, est également une associée parfaite. Les fleurs plumeuses des solidagos serviront, elles, à contrebalancer les lourdes feuilles rondes des bergenias.

Toutes les plantes ne sont pas aussi caractéristiques, et nombre de jardiniers emploient des végétaux délicats comme les graminées et les fenouils, pour les opposer à des feuillages puissants. De même, les fleurs nuageuses des lavandes de mer (*Limonium*) sont magnifiques en compagnie des fleurs et feuilles épineuses de *Eryngium bourgatii*. (Pour plus de détails sur l'emploi des formes floues, voir « L'impact visuel des textures », p. 54-57). En résumé, le contraste est une précieuse méthode : La Belle face à la Bête en est une démonstration.

À gauche
**L'association des silhouettes graminiformes de *Pennisetum alopecuroides*, de *Cortaderia selloana* 'Pumila', de *Miscanthus floridulus* et du sévère *Phormium tenax* est soulignée par les sédums qui sont à leur pied.**

En haut
**L'étalement horizontal est typique de *Viburnum plicatum* 'Mariesii'. Les corymbes de fleurs forment des plateaux tandis qu'au-dessus la masse des chandelles verticales de *Persicaria* s'en détache.**

Au milieu
**Les lupins rappellent la forme effilée d'une sculpturale *Cordyline australis* ; le contrepoint est offert par les têtes aplaties de *Achillea* 'Coronation Gold'.**

Ci-contre
**Les grands épis jaunes, élégants, de *Ligularia* 'The Rocket' et les feuilles de *Phormium tenax* groupe Purpureum donnent de fortes lignes verticales, contrastant avec les vagues de *Carex* ondulant au premier plan.**

## LES DIFFÉRENTES FORMES VÉGÉTALES

La gamme des formes végétales qu'offre la nature stimule l'imagination mais, à ce stade, il convient de décrire précisément ces formes caractéristiques et d'indiquer leur emploi possible dans la création du jardin.

**Les formes colonnaires** Le point d'exclamation crée une pause étonnée dans la lecture. Les formes colonnaires ont exactement le même effet, pour le jardin. Ce sont sans doute les formes végétales les plus assurées, elles donnent du relief à une composition par ailleurs peut-être brouillon, et jouent les points de mire en toute saison.

Au bord de la Méditerranée, le cyprès de Provence (*Cupressus sempervirens* 'Stricta') ponctue le paysage, mais il existe de nombreux autres conifères à port étroit (ou fastigié), tel l'élégant calocèdre (*Calocedrus decurrens*). Parmi les essences plus modestes, pour petits jardins, on a *Chamaecyparis lawsoniana* 'Columnaris Glauca', bleuté, le sombre *Taxus baccata* 'Fastigiata' et le genévrier d'Irlande (*Juniperus communis* 'Hibernica'), gris. Côté caducs, *Prunus* 'Amanogawa', rose pâle, et le pommier 'Van Eseltine' ont également un port étroit et l'atout supplémentaire de leur floraison, d'une belle couleur automnale et de fruits. Nombre de variétés de ligneux sont si élancées qu'elles constituent un point d'orgue majeur. Le peuplier d'Italie (*Populus nigra italica*), souvent planté en ligne comme brise-vent, nous est familier. Quand vous cherchez des arbres élancés, repérez les noms 'Columnare', 'Erecta', 'Spire' et 'Fastigiata'. Isolés, ils attirent l'attention et, en groupes, peuvent servir de clôture ou border une allée.

Les formes verticales plus petites peuvent être disséminées dans les massifs et bien mises en valeur par nombre de plantes herbacées. Les salicaires, les lupins, les acanthes, les vératres et les tritomes se distinguent tous dans le luxuriant désordre estival ; leurs touffes se relient à travers le jardin, qu'ils ordonnent avec un effet décoratif optimal. Peu atteignent la taille de *Verbascum bombyciferum*, dont les épis culminent à 2 mètres. Beaucoup de delphiniums hybrides les dépassent et leurs lourdes quenouilles peuvent casser, faute de bons tuteurs. En fin de saison, *Cimicifuga ramosa* prend le relais, avec des épis de fleurs crème de 1,50 m. N'oubliez pas les digitales, à l'ombre, ou *Ligularia* 'The Rocket', en terrain frais.

À gauche

**Parmi ces fleurs naturellement érigées, on trouve *Papaver orientale* 'Patty's Plum', *Iris* 'Shampoo' et *Allium hollandicum* 'Purple Sensation'.**

Au centre

**La présence des cyprès (*Cupressus sempervirens*) est sans égale parmi les arbres fastigiés ; même les sculptures jouent les seconds rôles.**

À droite

**Les masses de pivoines, de véroniques et un saule taillé sur tige sont sous la houlette d'un sombre genévrier d'Irlande, mince et érigé.**

La forte présence de ces plantes sera atténuée par d'autres verticales en masse, comme *Veronicastrum virginicum* (syn. *Veronica virginica*), plus modeste. Autres excellents associés : le doux *Stachys byzantina*, les hostas étalés, les heucheras à feuilles rondes et les moutonnants géraniums. En plein soleil, les armoises assoupliront les sévères tritomes et, à l'ombre, les feuilles plumeuses des astilbes et des fougères serviront d'écrin aux hautes digitales.

Ci-dessus

**L'alliance de couleurs des épis raides de *Lythrum salicaria* 'Lady Sackville' et de *Lysimachia ephemerum* est soulignée par l'excellent fond de *Berberis thunbergii* 'Rose Glow', pourpre et rose.**

À droite

**La masse d'épis floraux de cette plate-bande est dominée par les grands delphiniums lilas du fond. À l'avant, des nappes de galéga, sauges, giroflées et stachys argentés donnent une symphonie de verticales.**

PLANTES ÉTALÉES

***Achillea filipendulina* 'Gold Plate'**
**Vivace herbacée à tête aplatie, atteignant 1,20 m de haut et 60 cm de large.**

***Cornus controversa* 'Variegata'**
**Arbre en plateaux à feuilles panachées atteignant 15 mètres.**

**Les plantes étalées** Les horizontales attirent moins l'attention que les verticales, mais invitent le regard à se promener tout autour du jardin. Pour éviter que l'œil ne se perde dans le vide, il suffit de lui donner un coin de repos ou de suggérer le mystère. En répétant dans divers endroits les plantes étalées, la dynamique sera parfaite. Le port horizontal est partout, depuis le géant comme le cèdre (*Cedrus atlantica* 'Glauca') ou le pin sylvestre (*Pinus sylvestris*), plus modeste, jusqu'aux ravissants tapis de genévriers rampants et de thyms moutonnants. Il existe d'autres arbres spécialement beaux, *Cornus controversa* 'Variegata' étant l'une de ces vedettes : il se présente en plateaux, et atteint 15 m en hauteur et en largeur. *Cedrus kousa*, bien que non érigé, porte en juin des branches revêtues de larges bractées blanches dressées. De tels détails suffisent à souligner le port des plantes voisines.

Certains hortensias, des viornes donnent également des fleurs plates à port horizontal. Tout est horizontal aussi dans la silhouette de *Viburnum plicatum* 'Mariesii', aux branches étalées ; *Hydrangea macrophylla* 'Veitchii', blanc, 'Blue Wave', bleu et 'Geoffrey Chadbund', rose, sont connus pour accuser l'horizontalité. Fortement horizontal encore, *Prunus laurocerasus* 'Zabeliana' pousse à peu près partout et s'étale jusqu'à 2,50 m pour la moitié en hauteur. Cet arbuste est un fond parfait pour les épis des digitales et les éventails des fougères. L'ensemble est somptueux.

Ci-dessus
**Semblable à une pièce montée, *Cornus controversa* est apprécié pour son port naturellement étagé.**

Ci-dessus
***Viburnum plicatum* 'Pink Beauty', à l'élégante structure, porte ses fleurs horizontalement, en étages parallèles.**

***Hydrangea macrophylla* 'Blue Wave'**
**Ce buisson dense, caduc, est un hortensia à fleurs plates ; dans ce groupe d'arbrisseaux, l'inflorescence aplatie apparaîtra en été. Il préfère l'ombre et atteint 1,50 m de haut et de large.**

***Juniperus sabina* 'Tamariscifolia'**
**Ce conifère étalé, à pousse lente, porte des étages de branches à pointes retombantes, aux aiguilles vert vif. Il atteint 45 cm de haut pour 1,50 m de large.**

Quelques arbrisseaux se comportent de même et étirent parallèlement au sol des branches longues de 60 à 90 cm. C'est le cas de *Lonicera pileata*, persistant, et de *Cotoneaster horizontalis*, caduc, à fleurs et baies ornementales. Dotés tous les deux de feuilles fines, ils garnissent joliment le pied des gros arbustes. Les hamamélis sont également étalés, avec des fleurs hivernales parfumées, orange ou jaunes.

### Plantes étalées

***Prunus laurocerasus* 'Zabeliana'**
**Persistant à feuilles luisantes et à inflorescences en chandelles. Il atteint 1,20 m de haut et 2,50 m de large.**

***Sedum* 'Herbstfreude'**
**Vivace herbacée de 60 cm de haut et de large, à fleurs rouges ou roses et à feuillage bleuté.**

Ci-dessus
**Ce magnifique *Juniperus* x *media* 'Pfitzeriana', adulte, montre bien son port étalé.**

Ci-dessus
***Achillea* 'Coronation Gold' contraste fortement avec *Ligularia* 'The Rocket' et *Heuchera* 'Palace Purple'.**

*Genista pilosa* 'Lemon Spreader', à la floraison d'or de plein été, peut s'étaler sur 1,20 – 1,50 m ; ces deux derniers genres aiment les sols acides.

Un mot au passage des érables (*Acer*) japonais. S'ils ne sont pas strictement horizontaux, beaucoup ont un port abandonné, large, surtout avec l'âge. *Acer palmatum atropurpureum* est souvent cultivé en isolé, élégant avec des rhododendrons, des skimmias et des piéris, en sous-bois moutonnants. Dans le groupe des Dissectum, plus petits, le port doucement étalé est magnifique au bord d'un mur ou incliné sur l'eau.

L'horizontale est une ligne décisive pour la création d'un jardin. Elle l'équilibre, attire le regard vers les côtés et met en relief les autres formes, comme un piédestal le fait d'une statue. Suivant ce principe, une nappe de bergénias et d'hostas souligne à la perfection les épis d'astilbes. De même, les corymbes d'achillées, de *Sedum spectabile*, les inflorescences en plateau des hélénies et de nombreux *Chrysanthemum* rappellent les lignes horizontales d'arbustes situés plus loin en redonnant un niveau rassurant qui accentue encore une tache de gazon bien plane.

***Taxus baccata* 'Dovastoniana'**
**If à branches horizontales étagées s'étalant parfois fortement. Il atteint 1,20 m de haut pour 2,50 m de large.**

***Viburnum plicatum* 'Mariesii'**
**Arbuste à fleurs, caduc, à port large. Ses fleurettes en coupe étalée apparaissent en fin de printemps le long des branches, face vers le haut. Il atteint 1,80 m de haut pour 2,50 m de large.**

**Les plantes pleureuses** Les formes pleureuses jouent un rôle particulièrement intéressant au jardin. Bien que leurs silhouettes soient assez statiques, un peu comme les meules de foin, elles se révèlent souvent agitatrices et dérangeantes, donnant mouvement et énergie à une scène. Le saule pleureur (*Salix* x *sepulcralis chrysocoma*) se balance dans le vent, comme beaucoup d'autres plantes pleureuses souples. Le bouleau retombant (*Betula pendula* 'Youngii'), beaucoup plus petit, donne de la grâce à un bosquet d'arbustes de terre acide, à mi-ombre, où les rhododendrons et les piéris restent massifs. Il se révélera aussi efficace pour égayer des persistants un peu lourds comme les viornes ou les lauriers du Portugal (*Prunus lusitanica*). En groupes, d'autres bouleaux à tronc blanc font beaucoup d'effet. *Betula pendula* 'Tristis', par exemple, bien mal nommé, et *B. p.* 'Dalecarlica' ont un élégant port souple. En bosquets de trois, ou moins, ils donnent de l'allure aux jardins aussi bien urbains que ruraux.

De nombreux arbres possèdent des formes pleureuses : frêne pleureur, hêtre doré pleureur, acacia retombant... Méfiez-vous un peu des cerisiers pleureurs : ils sont souvent greffés sur d'autres espèces. Le tronc de *Prunus* 'Kanzan', rose frais, atteint un diamètre considérable, alors que le greffon garde une taille modeste ; du coup, les branches retombantes ont un air bizarre sur ce tronc, comme un bouquet dans un vase étriqué. Franc de pied, *P. subhirtella* 'Pendula Rubra' est beaucoup plus gracieux. J'ai un faible également pour un de leurs parents, au port souple, *P.* 'Shirotae', aux fleurs blanches doubles, parfumées, dont les branches retombent jusqu'au sol avec l'âge. Il atteint 8 m de diamètre, et on l'isole souvent, du fait qu'il laisse peu de place à d'autres plantes que des vivaces basses ou des bulbes printaniers.

Venons-en aux conifères, dont beaucoup ont fière allure. Parmi eux figurent le cèdre bleu (*Cedrus atlantica* 'Glauca Pendula') et l'épicéa de Brewer (*Picea breweriana*), dont les branches souples portent des rameaux retombants, qui lui donnent une grâce de ballerine. Ils cohabitent parfaitement avec les plantes de terre acide comme les bruyères et servent de fond à de nombreux arbustes à fleurs, des weigélias aux fuchsias et aux rosiers de toutes sortes. Pour les plus petits jardins, adoptez le poirier

Ci-dessus
**Le buisson persistant *Itea ilicifolia* porte un aimable feuillage luisant, foncé ; on apprécie également, l'automne, ses fleurs en longues chandelles.**

Ci-dessus
***Pyrus salicifolia* 'Pendula', le joli poirier pleureur d'ornement, porte de belles feuilles gris clair, étroites ; caduc, il offre ses fleurs blanches au printemps.**

Ci-dessus
**Ce *Prunus* 'Kiku-shidare-zakura', l'un des cerisiers d'ornement, tient ici compagnie à des boules de buis et à un yucca rigide.**

argenté (*Pyrus salicifolia* 'Pendula'), à silhouette bien vivante ; son doux feuillage gris s'accorde aux autres feuilles argentées, aux vivaces et aux rosiers.

Plus réduit, *Buddleja alternifolia* possède un charme un peu alangui. Lorsqu'il est conduit sur tronc unique, il émet des branches lâches couvertes de fleurs lilas pâle, en juin. Atteignant 3 m de haut pour près de 4 m de large, il pourra être isolé ou bien mêlé à une bordure.

Ci-dessus

**Les longues grappes dorées du cytise en ont fait un arbuste d'ornement populaire. Il est ici associé à des glycines, à *Allium* et *Alchemilla mollis*.**

Toutes les plantes pleureuses n'ont pas cette personnalité gracieuse. Le hêtre pourpre pleureur (*Fagus sylvatica* 'Purpurea Pendula') atteint au moins 3 m en tous sens, et donne une masse dense de feuilles sombres sur des branches retombantes mais rigides. Cette raideur en fait un fond parfait pour des phormiums stricts et contraste efficacement avec des plantes plus fluides, telles les herbes, gypsophiles et armoises. *Cotoneaster* 'Hybridus Pendulus', conduit sur tige, forme également un petit arbre retombant et raide. Il donnera de la rigueur à une plantation libre ou servira de point de mire, comme les plantes fastigiées abordées plus haut (voir p. 30).

Ce caractère retombant est moins sensible chez les plantes herbacées. Certaines, naturellement retombantes, comme *Gentiana asclepiadea*, pour terre acide, ou *Fuchsia* 'Cascade', conviennent aux banquettes surélevées où l'on profitera mieux de leur silhouette pleureuse. Elles se marient bien aux conifères pleureurs tels que *Cedrus deodara* 'Golden Horizon' et *Tsuga canadensis* 'Pendula', ou encore aux petits érables à port étalé.

Ci-dessous

**Ce jeune *Cedrus libani atlantica* 'Pendula' a un port pleureur remarquable. Il tient compagnie ici à *Pseudolarix amabilis* et à un genévrier rampant.**

**Les plantes élancées** Les arbustes et vivaces à feuillage graminiformes sont aussi variés que les plantes pleureuses. Les cactées raides, par exemple, sont résolument statiques, alors que les herbes d'ornement au feuillage élégamment souple piègent la lumière et réagissent au moindre souffle. Il en existe de toutes tailles, des bambous imposants à la minuscule *Armeria juniperifolia*. Associées judicieusement à d'autres plantes, épineuses et graminées jouent toutes un rôle actif.

Les plus grandes cactées, telles les cordylines et les yuccas, sont habituellement rigides. Leur ressemblance avec des statues attire forcément l'œil. Vous pourrez adoucir leur effet en les plaçant par paires, en vis-à-vis, en en faisant des groupes ou en leur associant des formes aussi affirmées prises chez les agaves, les palmiers, les clivias et les aloès, en climat chaud, ou chez *Trachycarpus fortunei, Melianthus major, Acanthus spinosus, Eryngium agavifolium* et *Macleaya cordata*, en climat plus frais.

D'autres plantes à feuillage effilé présentent cette allure raide, en un peu plus accommodant, et se fondent dans des compositions plus douces. On y trouve *Sisyrinchium striatum*, des crocosmias, *Astelia nervosa* et des tritomes hérissés. Pour souligner la verticalité de ces

En haut

**Le beau pigamon rose, très décoratif, se marie à merveille à des herbes ornementales comme *Carex muskingumensis*, les Calamagrostis et *Briza maxima*.**

Ci-contre

**Le feuillage retombant de ces herbes des pampas, *Cortaderia selloana* 'Aureolineata', caresse doucement les potentilles rouges et jaunes (*Potentilla* 'William Robinson' et *P.* 'Yellow Queen') qui l'entourent.**

vivaces, mariez-les à la canne de Provence (*Arundo donax*) ou à des herbes inflexibles comme l'avoine bleue (*Helictotrichon sempervirens*, syn. *Avena candida*), le bleu *Leymus arenarius* (syn. *Elymus arenarius*) ou les *Calamagrostis* (*C.* x *acutiflora* 'Stricta').

Les plantes effilées sont sans pareilles dans les massifs herbacés pour ordonner le mélange des feuillages et des fleurs. En été, quand le regard est très sollicité, les feuilles pointues, vert amande, de *Iris germanica* calmeront le jeu dans une plate-bande ensoleillée. Les élégants poignards de *Iris pseudacorus*, hauts de 1,20 m, se révèlent somptueux au-dessus d'amateurs de fraîcheur comme les hostas, les astilbes, les ligulaires et les primevères. Elles font également beaucoup d'effet avec le Rodgersia, les rhubarbes et les cimicifugas, et soutiennent la lutte contre les larges pagaies de *Lysichiton americanus* ou les feuilles découpées de *Gunnera manicata*.

Plus réduit, l'éventail marqué de *Iris pallida* sera employé avec précautions, car il n'occupe pratiquement que deux dimensions. Mieux vaut le planter en groupes parallèles sans le noyer sous des flots de feuillages. Les formes les meilleures sont panachées de blanc sur fond gris-vert chez *Iris pallida* 'Argentea Variegata', de crème chez *I. p.* 'Variegata'. Toutes deux font beaucoup d'effet sur un fond de feuillage sombre ou dense de buissons ou de vivaces.

Moins sculpturales mais plus faciles à marier, les plantes à feuillage étroit et souple, mobiles, captent bien la lumière. Choisissez, par exemple, parmi les formes colorées de *Iris sibirica*, aux feuilles pareilles à une touffe souple de roseaux de 90 cm de haut. Elles accompagnent bien les amateurs de terre humide comme l'iris des marais (*I. pseudacorus*) et *Glyceria aquatica* 'Variegata', graminée aux feuilles incurvées. Les hémérocalles (*Hemerocallis*) s'adaptent à toutes sortes de styles ; leurs feuilles luisantes, retombantes, se mêleront à un massif herbacé ou, en masse, ourleront des arbustes ou serpenteront entre eux. *Libertia formosa* rend presque les mêmes services, mais en plein soleil ; ses épis simples de fleurs blanches et son feuillage luisant, arqué, graminiforme, font bon effet dans la texture foisonnante des autres plantes. Les clivias et les agapanthes, aux larges rubans, se marient fort bien à d'autres plantes, mais leur feuillage ornemental peut donner un excellent couvre-sol.

Pour avoir un feuillage élevé, fluide, optez pour *Miscanthus sacchariflorus*, qui atteint 2 m dans la saison, et *Arundo donax*, haut de 4,50 m, moins rustique. Ce sont deux plantes sculpturales, élancées, faites pour charpenter de grandes plates-bandes. Les variétés de *M. sinensis* donnent aussi de grosses touffes de feuilles souples. D'autres plantes ondulant sous la brise tel *Carex oshimensis* 'Variegata' leur serviront de compagnons idéaux dans une plate-bande de graminées. Le frêle *Milium effusum* 'Aureum', *Deschampsia cespitosa* et la spartine (*Spartina pectinata* 'Aureomarginata') font également des associés délicats.

En haut

**Dans un jardin tropical, les palmiers se mêlent aux strelitzias, aux arums et à *Cyperus papyrus*.**

Au milieu

**Ce bel *Aloe dichotoma* en fleurs est entouré de yuccas épineux, d'échevérias et d'autres aloès.**

En bas

**Les feuilles raides de ces *Phormium* 'Maori Sunrise' et *P.* 'Guardsman', ainsi que *Yucca thompsoniana* gardent leur aspect hérissé tout au long de l'année.**

**Les plantes en boules** La forme de nombreux végétaux est aussi utile qu'une architecture. Elle fournit des éléments forts, en trois dimensions, aussi solides que s'ils étaient en brique ou en pierre. On peut apprivoiser la nature en taillant les arbustes compacts comme le buis, le myrte ou l'if en haies denses. Nombre de plantes, cependant, peuvent remplir la même fonction par leur port naturel, et certaines, spontanément arrondies, sont un atout capital pour le tracé d'un jardin. Beaucoup sont des persistants inertes, à croissance lente et indifférents au vent, comme les cactées, les véroniques arbustives, les santolines et les lavandes.

*Viburnum davidii* est un autre arbuste arrondi aux larges feuilles ovales, bien dessinées et creusées de sillons quasi parallèles, franchement distinctes de la masse dense du buis à petites feuilles, des véroniques ou des myrtes. Ce persistant sombre et luisant sert d'écrin à des plantes plus délicates comme les armoises et sa forme inébranlable épaule les arbustes flous comme les weigélias. Retenez également les plus petits conifères en boule et *Berberis thunbergii* 'Bagatelle', rouge, tout petit et très sphérique.

Certains arbustes à fleurs, telles les variétés de *Potentilla fruticosa*, quoique plus lâches, possèdent aussi des formes arrondies assez accusées. Ces plantes très décoratives embellissent un massif d'arbustes pendant trois à quatre mois avec leurs fleurs allant du blanc au crème, au jaune, à l'orange et presque jusqu'au rouge. Les cistes, persistants, ont des fleurs comparables mais plus grandes, en formes d'églantines. Tous ne s'accommodent pas de climats rigoureux, mais je trouve *Cistus* x *hybridus* (syn. *C.* x *corbariensis*), aux boutons pourpres s'ouvrant en fleurs d'un blanc pur, à la fois solide et charmant. Un peu moins rustique, *C.* x *skanbergii* porte des feuilles grises étroites et de délicates fleurs roses. Avec un feuillage brillant, on trouve *Choisya ternata* et son avatar *C.* 'Aztec Pearl' ; comptez 2,50 m de diamètre pour le premier, un peu moins pour le second. Tous deux ont un feuillage aromatique et des fleurs printanières

En haut

**Taillée bien en rond, *Santolina pinnata neapolitana* 'Edward Bowles' donne une bordure nette entre le gravier et la plate-bande où *Sidalcea* 'Rose Queen' côtoie *Artemisia lactiflora* à feuilles vert foncé, découpées.**

Ci-contre

**Les plantes en boules, taillées parfois à la cisaille, sont primordiales dans ce jardin. On y recense *Erigeron karvinskianus, Ballota acetabulosa*, du romarin et des santolines ; les inflorescences vert acide des *Euphorbia characias* sont naturellement sphériques.**

parfumées, en étoiles, qui réapparaissent souvent en automne.

Une forme bien accusée est un excellent moyen de renforcer un paysage. Si vous êtes prêt à tailler, vous obtiendrez ce que vous voulez. *Buxus microphylla* 'Green Pillow' (« oreiller vert ») est rond par nature, mais tous les buis se prêtent à une taille géométrique, y compris en forme de nuages, comme les lonicéras persistants, bien denses. N'oubliez pas les lavandes, telle *Lavandula angustifolia* 'Hidcote', ni les santolines (*Santolina chamaecyparissus*). Vous pourrez les tailler en boule et en confectionner des parterres ou une lisière de rosiers, ou des jardins de plantes aromatiques. D'autres arbustes suggèrent le dôme, comme les buissons dressés de *Euphorbia characias wulfenii*, par exemple, avec leurs épis spectaculaires de grandes fleurs globuleuses vert acide au printemps.

Il y a aussi quelques vivaces en boules, notamment des composées comme *Erigeron karvinskianus, Coreopsis verticillata* et *Anthemis punctata cupaniana*. Les anthémis (*Argyranthemum frutescens*, syn. *Chrysanthemum frutescens*) forment des sphères de feuillage, comme quelques géraniums vivaces, pas tous élégants, il est vrai. Préférez les variétés de *Geranium renardii, G. sylvaticum* et *G. sanguineum*. Au niveau supérieur, les épis floraux des eupatoires (*Eupatorium purpureum*) forment des nuages pommelés qui répondent aux autres silhouettes arrondies.

Les boules sont parfois ouvertes vers le ciel, adoptant plutôt une forme de coupe. Les cornouillers (*Cornus*) sont appréciés en hiver : leurs tiges colorées, allant du vert au jaune et au rouge, égayent la mauvaise saison. Recépés à ras chaque printemps, ils voient leurs pousses s'arquer dès le départ avant d'atteindre leur hauteur maximale. *C. stolonifera* 'Flaviramea' donne des tiges vertes et jaunes ; *C. alba* et ses variétés ont des tiges rouge vif qui font grand effet auprès de *C. a.* 'Kesselringii', à tiges pourpres dressées. Ces cornouillers sont parfaits en jardins sauvages, mêlés à des sureaux, des rosiers botaniques, des viornes et des saules.

En haut

**Les boules strictes des santolines taillées et des érigérons ont été maintenues avec rigueur. Elles sont tout aussi belles en fleurs.**
**Les marguerites roses et blanches de *Erigeron karvinskianus* apparaissent en été et en automne.**

Ci-contre

**La forme érigée de ce grand *Trichocereus pasacana* surveille un troupeau de *Echinocactus grusonii* sculpturaux et crée une scène vivante, soulignée par la lumière crue du soleil.**

**Un jardin de boules** Cette parcelle simple et élégante est une partie d'un grand jardin californien richement planté. On y a créé un coin tranquille avec une série de formes arrondies. Le propriétaire parle de jardin « ciselé » et le dessin montre une volonté d'esthétisme. La réussite de l'ensemble est liée à la répétition des formes et des plantes bien structurées. C'est un espace secret, meublé avec précision de végétaux choisis pour s'équilibrer à la perfection.

Les boules sont avant tout données par différentes variétés de santolines. On y trouve la *Santolina rosmarinifolia* (syn. *S. viridis*), vert mousse, *S. pinnata* et *S. chamaecyparissus* 'Lemon Queen', à feuilles argentées. À l'avant, *Convolvulus cneorum* est maintenu rond, tout comme les lavandes, qui ont été retenues pour leur densité. Parmi elles la lavande anglaise (*Lavandula angustifolia* 'Hidcote') et *L. stoechas* 'Otto Quast', à feuillage serré.

Le port naturel de *Erigeron karvinskianus* est moins contraint que celui des lavandes et des santolines ; il moutonne naturellement et adoucit la rigueur générale. *Ballota acetabulosa* joue le même rôle mais demande une coupe après floraison. Bien net, *Echinops ritro* 'Veitch's Blue' porte un feuillage dense mais des tiges élevées, et le romarin (*Rosmarinus officinalis* 'Tuscan Blue') reproduit cette forme élancée. *Euphorbia characias wulfenii* a aussi un port arrondi avec des épis dressés et des inflorescences en boules.

La texture est également un élément important. Les santolines mousseuses, la douceur moelleuse des ballotes et des népétas, de même que la boule de grès absorbent la lumière. Seul le satin de *Convolvulus cneorum* la réfléchit, de sorte que la forme reste toujours reine. Entre les dalles, le sol est tapissé de *Thymus serpyllum* 'Minimus', où s'infiltre, en indésirable, l'oxalis sauvage.

**À la plantation,** ci-dessous Ce terrain, une fondrière à l'origine, a été remblayé sur 30 cm environ, avec un réseau de drains pour écouler l'eau excédentaire. Puis on a apporté une couverture de terre enrichie de fumier de poule et de copeaux. Le jardin est donc plutôt sec et parfait pour les plantes méditerranéennes qui y croissent.

**À la plantation**

Légende (H = hauteur ; É = étalement)

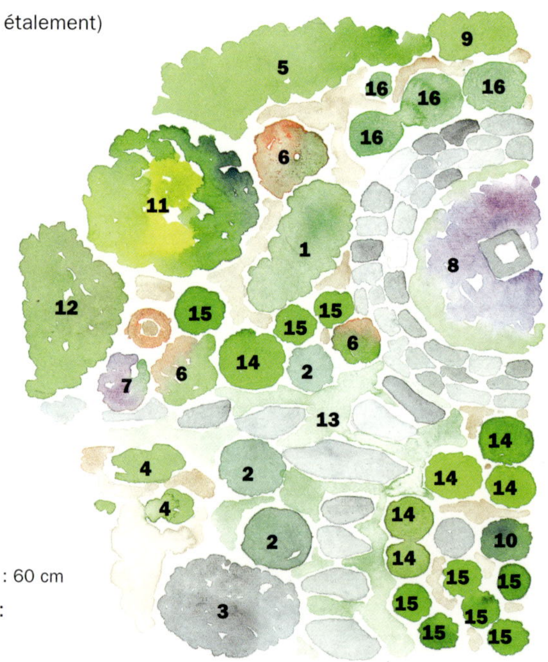


**1.** *Ballota acetabulosa*, H et É : 60 cm
**2.** *Lavandula angustifolia* 'Hidcote', H et É : 75 cm
**3.** *Convolvulus cneorum*, H et É : 75 cm
**4.** *Lotus hirsutus*, H et É : 60 cm
**5.** *Prunus lusitanica*, H et É : 6-10 cm
**6.** *Erigeron karvinskianus*, H : 10-15 cm
**7.** *Lavandula stoechas* 'Otto Quast', H et É : 60 cm
**8.** *Nepeta racemosa*, H et É : 60 cm
**9.** *Pittosporum tenuifolium* : H : 6 m ; É : 4 m
**10.** *Echinops ritro* 'Veitch's Blue', H : 1,20 m ; É : 75 cm
**11.** *Euphorbia characias wulfenii*, H et É : 1,20 m
**12.** *Rosmarinus officinalis* 'Tuscan Blue', H et É : 1,80 m
**13.** *Thymus serpyllum* 'Minimus', H : 5 cm
**14.** *Santolina pinnata*, H : 75 cm ; É : 90 cm
**15.** *Santolina rosmarinifolia*, H : 60 cm ; É : 90 cm
**16.** *Santolina chamaecyparissus* 'Lemon Queen', H : 75 cm ; É : 90 cm

La gamme colorée est réduite, avec seulement un mélange de feuillages verts et argentés mêlés à des fleurs aux tons doux, à base de pastels et de divers bleus, dont le bleu cendré des népétas à feuilles grises qui jouent bien avec les jaunes crus et les crèmes des fleurs de santolines. Les couleurs plus fortes sont fournies par des euphorbes, jaune acide, et des lavandes, pourpres.

Ce jardin a évité l'écueil du désordre, tant par ses couleurs que grâce à la forme de ses plantes. Il impose un sens de l'espace et des proportions, toutes les plantes sphériques étant taillées bien net. Les palissades sont une protection contre les vents violents qui balayent la péninsule où est situé ce jardin, mais c'est la composition qui donne l'effet de sérénité.

**Le deuxième été,** à droite Cette représentation, vue d'en haut, du jardin terminé, montre bien le rôle donné au thème de la sphère. Chaque détail est soigné. Ramassées par nature, les santolines ont été taillées pour renforcer leur forme dense, arrondie, et artistiquement disséminées pour créer des rythmes frappants. Leur port est souligné non seulement par les autres plantes arrondies mais aussi par une boule de pierre, disposée là, par la sinuosité du pas japonais aux dalles séculaires et par un pot de terre ventru.

**Le deuxième été,** à gauche Le chaud climat californien a permis au jardin de s'établir vite. On le voit ici en été, une époque qui souligne la qualité de la conception. Les plantes méditerranéennes argentées se montrent sous leur meilleur jour ; le bois et la pierre se marient à la perfection. Bien que le thème fasse appel aux répétitions, les solistes comme *Convolvulus cneorum*, blanc, et *Nepeta racemosa*, pourpre, figurent en vedettes.

# LA TEXTURE ET LE DESSIN

Déterminer les formes dans un jardin est une chose, mais les textures et dessins demandent aussi réflexion. Les plantes sont comme les tissus, leur texture peut être rugueuse, veloutée ou soyeuse ; d'autres sont satinées ou moelleuses comme de la layette. Nous percevons la texture des plantes par l'intermédiaire de tous nos sens.

Le dessin est tout différent : il relève de l'ordre et du rythme, qu'il s'agisse de lignes ou de figures géométriques créées par l'homme ou par la nature, comme le dessin symétrique des feuilles pennées des frênes ou les cercles concentriques des dahlias pompons. Les motifs naturels des végétaux ont une valeur décorative : un peu comme du papier peint, ils servent à « remplir » des espaces.

Ci-contre

**L'iris 'Kent Pride', roux, rehausse les tons chauds des giroflées, des ancolies, des géraniums, des heuchéras et des fenouils pourpres.**

Ci-dessus

**Cette plate-bande est toute douceur, avec ses textures variées : graminées en touffes, capsules de graines finement hérissées et sédums veloutés.**

## LES TEXTURES

Nous touchons irrésistiblement les textures qui nous attirent. Enfants, nous avons tous eu envie de caresser les plantes pour expérimenter des sensations diverses. Nous fourragions dans l'herbe, épluchions les feuilles de *Stachys byzantina*, parfois nous nous en frottions le visage pour mieux profiter de leur velouté ; nous ouvrions les capsules de châtaignes rien que pour leur douceur soyeuse. Ce besoin de communion physique se perpétue à l'âge adulte, et rend nombre de plantes attirantes et plaisantes. Mais une masse uniforme d'un seul végétal est plate, ennuyeuse. Il faut donc, pour attirer l'attention sur ces plantes « à toucher », mettre d'autres plantes autour, plus neutres, comme des géraniums, des filipendules ou bien encore des heuchéras.

Toutes les textures n'offrent pas une apparence accueillante ou aimable. Certaines sont rugueuses, d'autres épineuses et d'autres encore nous incitent à les éviter. De tels contrastes sont l'expression même de la diversité de la vie. L'uniformité engendre l'ennui, alors que le rapprochement de matières très différentes crée de l'animation au jardin. Les feuilles lisses, sans histoires et rassurantes, servent de toile de fond à toute association, devenant la base idéale pour mettre en valeur les stimulants contrastes d'eryngiums épineux, par exemple, et de soyeuses alchémilles (*Alchemilla mollis*).

La texture des feuillages et des fleurs peut aussi jouer de manière déterminante sur l'intensité de la couleur et la façon dont nous la percevons. Attirante ou austère, froide ou chaude, la couleur a un impact très fort. Mais toutes les femmes savent que le velours ou le satin font vibrer les couleurs du tissu, et que jamais cette même couleur ne sera aussi intense sur du coton. Suivant ce principe, le feuillage velouté d'un conifère tel que *Chamaecyparis obtusa* semble d'un vert plus riche que celui d'un cyprès de Leyland (X *Cupressocyparis leylandii*), plus grêle. De même, l'intensité du cosmos « chocolat » (*Cosmos atrosanguineus*), très à la mode mais assez frileux, tient au velours profond de ses pétales rouge sombre. Les hostas bleutés, à l'autre bout de la gamme, sont loin d'être aussi chaleureux ; la froideur de leur bleu laiteux, dû à leur pruine cireuse, les éloigne visuellement, et peut rafraîchir une scène. Le même effet apparaît avec *Sedum spectabile* 'Iceberg', si bien nommé, dont la matière ferme et charnue porte un feuillage vert jade ; *S.* 'Herbstfreude' est le modèle des plantes chez qui deux textures opposées créent

En haut

**La mousse des nigelles (*Nigella damascena*) se mêle au velours de *Stachys byzantina*.**

Au milieu

**Ce gros hortensia semble inébranlable face aux plumets légers de l'astilbe 'Ostrich Plume'.**

Ci-contre

***Phlomis tuberosa* 'Amazone' et la succession de ses fleurs lilas contrastent avec les feuilles épineuses, argentées, de *Onopordum acanthium*.**

En haut à droite

**Le fenouil bronze (*Foeniculum vulgare* 'Purpureum') garnit d'un brouillard impalpable les boules de fleurs de *Allium hollandicum*.**

À droite

**Ces plantes herbacées, majoritairement à petites fleurs, comme *Knautia macedonica*, les astrances, les campanules, les pensées et les phlox, donnant un effet de petit-point, se mêlent ici à des éryngiums épineux, à des marguerites et à *Veronicastrum*.**

un puissant contraste coloré. Les douces feuilles épaisses, raides, ont un pâle éclat, alors que les inflorescences plates, denses, passant du rose au bronze chaud, semblent de velours. La texture a, dans ce cas, un effet délicat sur les sens.

La variété des textures offre un éventail de contrastes d'une beauté saisissante. Celle des textures des plantes de plein soleil ainsi que leurs oppositions peuvent être très plaisantes.

Les crassulas perlés, les dorycniums duveteux, *Convolvulus cneorum*, satinés, et les feuillages épars des germandrées ne sont que quelques-uns des associés possibles. À l'ombre, les feuilles sont souvent plus grandes et les textures bien différentes. Vous pourrez apprécier le contraste des larges cœurs hérissés de *Trachystemon orientalis*, très expansif, avec de grandes feuilles plumeuses, comme les astilbes 'Professor van der Wielen'.

## MÉLANGES DE TEXTURES

Nous allons voir de plus près les principaux types de matières – rugueuse, piquante, douce et veloutée –, ainsi que les plantes dont la texture a une forte incidence sur l'aspect. Selon le mélange de textures que vous aurez choisi, vous obtiendrez tantôt un effet décoratif, tantôt une atmosphère particulière.

**Les plantes à feuilles rugueuses** Les plantes de nos jardins ne sont pas toutes les « douces fleurs » du poète. Beaucoup doivent se défendre contre la marâtre nature. La surface des feuilles peut remplir diverses fonctions, soit pour réfléchir le soleil, soit pour limiter l'évaporation dans les lieux exposés au vent. Les lamiers se protègent en imitant les féroces orties ; la bourrache et ses alliés, grâce à leurs soies rêches, se défendent contre les limaces. Ces feuillages fortement constitués sont des trésors au jardin, où le contraste apporte du « piquant ». En outre, les surfaces rugueuses accrochent la lumière et donnent de la plénitude au jardin.

L'une des plus rêches appartient à *Gunnera manicata*, dont les limbes hérissés contrastent avec le miroir de l'eau ; si cette espèce est trop grande pour votre jardin, rabattez-vous sur la rhubarbe d'ornement (*Rheum palmatum*), amateur de fraîcheur, aux feuilles ciselées. Vous l'accompagnerez de l'élégante fougère plume-d'autruche (*Matteuccia struthiopteris*). Ces rhubarbes ont également d'immenses épis floraux qui, ajoutés à leur feuillage, forment en juin un beau contraste avec le brouillard fleuri de *Thalictrum aquilegiifolium*.

Les feuilles de *Rodgersia podophylla*, rugueuses, feront bonne figure dans ce groupe. De couleur bronze, granuleuses, coriaces, fortement incisées et graphiques, elles se détachent dans le lot des plantes pour terres fraîches ; elles tranchent sur les hostas, d'une sagesse exemplaire, mais seront également relevées en mélange serré avec les grandes *Astilbes rivularis* ou *A.* 'Superba', cuivrées. Toutes les astilbes possèdent des feuillages à fort relief qui en font des compagnes pleines de ressources pour des plantes variées.

Les buissons ont des feuilles lisses, dans l'ensemble, mais celles de *Viburnum rhytidophyllum* sont extraordinairement gaufrées. Certains jardiniers font la moue devant ce persistant de 3 m de haut et plus, mais, moi, je l'aime bien. Ses longues feuilles étroites, pendantes, ont un relief profondément incisé ; elles volettent au vent en dévoilant le duvet beige des jeunes tiges. Même si ces plantes rugueuses ne sont pas du goût de tous, elles sont d'utiles sources de contraste avec des végétaux plus raffinés.

À l'extrême gauche

**La fougère *Matteucia struthiopteris* côtoie rhododendrons, azalées, hostas et primevères.**

À gauche, en haut

**Les énormes feuilles de *Gunnera manicata*, fortement côtelées, sont très découpées.**

Ci-contre

***Rodgersia podophylla, R. pinnata* et hostas sont tous dotés de feuilles structurées, aux dessins nets.**

À droite, en haut

**La riche texture du feuillage de *Heuchera* 'Palace Purple' exalte les fleurs rouges de la potentille.**

À droite, au centre

***Aegopodium podagraria* 'Variegatum', alchémilles et buglosses donnent des feuillages hauts en relief.**

Ci-contre

**Les saxifrages roses, l'euphorbe et un lamier panaché créent une mini-scène.**

**Les plantes épineuses** Il existe quantité de plantes épineuses, à utiliser plus pour l'œil que pour le toucher. Elles ont un rôle hautement provocateur au jardin, où elles apportent du piment. Certaines sont si piquantes qu'elles en sont dangereuses et devront être évitées là où il y a des enfants. Parmi ces dernières, les robustes agaves à aiguillons, les panicauts et leurs alliés (*Eryngium*) et les yuccas aux sabres agressifs, dont *Yucca florida*, aux feuilles gris-bleu, pointues, rigides, et *Y. gloriosa* 'Variegata', aux feuilles en épées. Il existe également des « édentées », tels les cardons, qui paraissent épineuses mais qui font patte de velours quand on les caresse. Elles appartiennent à ces plantes à texture visuellement intéressante (voir p. 54-57).

Les vraies plantes épineuses résistent bien, d'ordinaire, à la sécheresse. Ainsi des *Echinops*, dont le compact *Echinops ritro*, à fleurs bleues, et *E. bannaticus* 'Taplow Blue', plus grand et plus pâle, qui croissent côte à côte dans le même milieu. Les panicauts piquants, depuis l'agressif *Eryngium agavifolium* jusqu'au plus aimable *E. bourgatii*, tout aussi bleu, donnent un air grandiose au jardin, surtout lorsqu'ils sont mêlés à de jolis feuillages doux tels que ceux des géraniums ou de l'alchémille. *Eryngium oliverianum* prend des tons argentés, tandis que *E. variifolium* tend vers le bleu ; tous deux sont désignés comme fleurs d'été dans les plates-bandes herbacées. Dans un coin chaud et drainé, sur gravier, ajoutez-y un des chardons bénits (*Sylibum marianum*), bisannuels, à feuilles marbrées de blanc et à fleurs hérissées. Les rosettes apparaissent une année et les fleurs l'année suivante en donnant de l'une à l'autre un effet inattendu.

## Plantes épineuses

***Acanthus spinosus***
**Vivace de 1,20 m à grandes feuilles basales vert foncé fortement découpées. Les épis mauves rappellent des digitales. Elle accepte une ombre légère.**

***Echinops bannaticus* 'Taplow Blue' (boule azurée)**
**Grande vivace de 2,20 m à tiges fines surmontées de boules de fleurs bleu métallisé et feuillage épineux.**

***Eryngium bourgatii* (panicaut)**
**Tous les panicauts aiment les lieux chauds, ensoleillés et bien drainés. Cette vivace à feuilles argentées atteint 60 cm de haut. Les tiges ombrées de bleu portent de jolies fleurs comme celles des cardères.**

***Mahonia aquifolium***
**Buisson persistant de 1,20 m à feuillage vert foncé et à grappes de fruits bleus en automne. Il porte des feuilles épineuses, luisantes et, au printemps, des fleurs parfumées jaunes. C'est aussi un excellent couvre-sol à l'ombre.**

Ci-dessus à gauche
***Agave americana* porte des lames épineuses, frappantes et sculpturales.**
Ci-dessus à droite
**Des cactus vert sombre, épineux, contrastent superbement avec les élégantes feuilles grises des aloès.**

Ci-dessus à gauche
**Cet agave rigide, piquant, est planté parmi des rosettes épineuses, charnues, bleutées, de X *Pachyveria glauca*.**
Ci-dessus à droite
**Une des plus belles plantes épineuses, *Eryngium* x *oliverianum*, est ici mêlée à des consoudes panachées.**

Moins menaçantes, mais nettement piquantes, les têtes florales des cardères, ou *Dipsacus*, donnent la touche « chardon » à des plantations d'annuelles dentelées, comme les bleuets (*Centaurea*), ou satinées, comme les pavots (*Papaver*). On les marie avec succès à des graminées vivaces, tels le touffu *Pennisetum orientale* ou *Stipa calamagrostis* aux allures d'avoine. Le gigantesque onopordon (*Onopordum acanthium*) vit également selon un cycle bisannuel ; mais c'est un individualiste spectaculaire et périlleux. Dans un coin bien chaud et sec, le charmant chardon alpin (*Carlina acaulis*), ancré au sol, est plus judicieux. Ces plantes seront opposées à *Marrubium vulgare*, aux allures de sauge veloutée, ou à l'éclat satiné de *Convolvulus cneorum*.

Tous ces végétaux peuvent être rappelés, dans une composition, par d'autres vivaces et arbustes. Si vous voulez des buissons vraiment piquants, choisissez certains mahonias et berbéris dont les feuilles sont très agressives : *Berberis julianae*, par exemple, persistant à fleurs jaunes parfumées, qui est un des plus grands et des plus épineux du genre. Beaucoup de mahonias sont également parfumés, en particulier *Mahonia* x *media* 'Winter Sun'. Berbéris et mahonias poussent aussi bien au soleil qu'à l'ombre ; on pourra donc les trouver ourlés par une masse de fougères ou bien opposés à une collerette touffue d'hémérocalles 'Stella de Oro'. Il existe parmi les autres mahonias piquants l'espèce à feuilles de houx *Mahonia aquifolium*, dont les feuilles persistantes sont épineuses et luisantes, et *M.* x *media* 'Buckland', lequel porte des feuilles dentelées et des épis de fleurs jaune clair.

PLANTES ÉPINEUSES

***Osmanthus heterophyllus***
**Buisson persistant aux allures de houx avec des grappes de fleurs blanches et un feuillage doré très dessiné. Apprécie un sol drainé pas trop sec.**

***Onopordum acanthium* (onopordon)**
**Cette bisannuelle argentée, à feuilles piquantes et à fleurs roses, atteint 1,80 m, en plein soleil, dans un sol très drainé.**

Ci-dessus à gauche
**Les feuilles découpées, gris-vert, de *Cynara cardunculus*, sont dominées par ses gros chardons pourpres.**
Ci-dessus à droite
**Ces étonnants aloès charnus sont très bien mis en valeur par la masse dorée des fleurs de crassula.**

Ci-dessus à gauche
**Cette lavande foncée (*Lavandula stoechas*) pousse dans une masse de panicauts aux fins aiguillons.**
Ci-dessus à droite
**Les minces feuilles charnues de ce *Dyckia* aux tons rouges sont bordées d'épines féroces.**

***Olearia* x *macrodonta***
**(aster en arbre)**
**Cet arbuste, atteignant 2,50 m de haut, ressemble à un houx avec des feuilles argentées et des fleurs composées blanches. Les feuilles, piquantes, sont veloutées de blanc au revers.**

***Silybum marianum***
**(chardon bénit)**
**Bisannuelle aux jolies rosettes de feuilles épineuses panachées de blanc et aux fleurs roses, atteignant 1,20 m, l'été suivant. Ce chardon pousse dans tout bon sol.**

**Les feuillages lisses** L'intérêt des feuillages lisses, luisants, est qu'ils attirent la lumière. Dans les zones très sombres, leur effet est bénéfique, autant pour la santé des plantes elles-mêmes que pour leur aspect. Un persistant vernissé comme le laurier-cerise (*Prunus laurocerasus*) est un exemple commun. D'autres formes, telle celle de *P. l.* 'Otto Luyken', portent des feuilles sombres, luisantes, et des fleurs blanches en fin de printemps.

*Fatsia japonica*, persistant au feuillage poli, convient également à l'ombre où ses feuilles brillantes donnent de l'éclat aux coins obscurs. Toutes ces plantes seront valorisées toute l'année par la texture contrastée des fougères des genres *Dryopteris* et *Polystichum* et, au printemps, par les bulbes. Elles seront aussi allégées par le gracieux feuillage de *Smilacina racemosa* ou soutenues par les fleurs mousseuses des tiarellas ou celles des anémones hybrides comme *Anemone hupehensis* 'September Charm', rose pâle, ou l'automnale *A.* x *hybrida* 'Luise Uhink', blanche.

Les rhododendrons, aux masses de fleurs et aux feuilles satinées, réussiront en sol acide avec une ombre légère. Là encore, les astilbes et les fougères produiront un contraste efficace. Les aspleniums, fougères aux douces feuilles luisantes, plantés en masses, ou des couvre-sols tels que *Arum europaeum* ou *Pachyphragma macrophyllum*, seront également bienvenus. Pour des feuillages lumineux plus grands, songez aux hellébores, comme ceux de Corse (*Helleborus argutifolius*) ou d'Orient, de longue durée. Des plantes comme *Maianthemum bifolium* et *Cornus canadensis* croissent également en sol acide ; le joli *Pachysandra*, persistant, y fera un aussi bon couvre-sol. Les bergénias poussent au soleil comme à l'ombre avec des feuilles satinées, larges, arrondies, allant de verts variés à divers rouges. Chez *Bergenia* 'Ballawley', les feuilles persistantes, luisantes, virent au rouge en hiver ; chez *B. crassifolia*, elles deviennent acajou. Elles jouent efficacement les réflecteurs, en couvre-sols comme en bordures. *Arum italicum* et certaines *Ligularia* sont à l'étage au-dessus, avec le même éclat ; *L. dentata* 'Desdemona' est plus appréciée pour ses lumineuses feuilles pourprées que pour ses fleurs jaunes.

Les persistants ne sont pas les seuls à briller de la sorte ; des herbes telles que *Miscanthus sinensis* captent aussi la lumière. Beaucoup ont des feuilles à l'éclat naturel et celles au port courbé exposent encore mieux cette qualité. Les luisants amateurs de soleil sont moins nombreux : retenez-en quelques-uns dont le *Griselinia* vert pomme, les brillants aeoniums et les pittosporums, arbustes et arbres persistants. Leur persistance est un atout supplémentaire pour ces arbustes à fleurs, car, une fois celles-ci fanées, ils sont tout désignés pour les mixed-borders. Les plantes à fleurs n'ont qu'une gloire éphémère alors que les plantes à feuillage font l'essentiel du décor.

### PLANTES À FEUILLES LISSES

***Asplenium scolopendrium***
**(syn. *Phyllitis scolopendrium*)**
**Fougère à longues feuilles coriaces, très lisses. Plutôt à l'ombre, où elle atteint 45-75 cm de haut et 45 cm de large.**

***Astilboides tabularis***
**(syn. *Rodgersia tabularis*)**
**Grande vivace amateur d'ombre et de fraîcheur. Elle atteint 90 cm de haut et 45 cm de large. Ses feuilles simples, en parasol, ont un bord ciselé.**

***Galax urceolata* (syn. *Galax aphylla*)**
**Vivace persistante poussant en touffe. Elle préfère l'ombre et les sols acides frais. Elle porte des feuilles coriaces, rondes et de minces épis floraux en fin de printemps. Elle atteint 15-20 cm de haut et 30 cm de large.**

***Griselinia littoralis***
**Grand buisson persistant à pousse rapide, à feuilles ovales, lisses, vert pomme, utile aux haies taillées. Les fleurs vert chartreuse apparaissent en juin. Il peut atteindre 6 m de haut et 5 m de large.**

***Macleaya cordata***
**Vivace herbacée amateur de soleil, aux grandes feuilles rondes, incisées, garnissant toute la tige et aux fleurs rosées. Elle atteint 1,50 m de haut pour 60 cm de large.**

***Prunus laurocerasus* (laurier-cerise)**
**Ce grand arbuste persistant, rustique, porte de belles feuilles luisantes. Facile à vivre, il forme volontiers des haies. Il atteint 6 m de haut et 10 m de large.**

En haut à gauche
**Une vague de bergénias aux feuilles étalées, luisantes, persistantes, borde ici des hamamélis en automne.**
Au milieu à gauche
***Arum italicum* 'Pictum' porte de belles feuilles lancéolées, panachées, décoratives en hiver.**
En bas à gauche
**Dans un jardin tropical, *Hippeastrum*, proche des amaryllis, fleurit au-dessus d'un feuillage étroit et lisse.**

Au milieu en haut
**Des feuilles lisses sont un des caractères des cannas et de ce *Musa basjoo*.**
À l'extrême droite
**Des touffes d'aeoniums verts et noirs servent de motifs décoratifs à l'arrière de ce phormium remarquable.**
Grande photo
***Vinca major* 'Argentea Variegata' garnit des euphorbes chartreuse, des fougères et des acaenas.**

**Les plantes duveteuses** Parmi les fleurs et feuilles du jardin, ce sont les feuillages duveteux, souvent gris, qui se détachent, leurs soies argentées captant la lumière et invitant à la caresse. Parfaits pour relever les matières et les dessins des autres végétaux, ils deviendront parfois des séparatistes. La plante la plus aisément reconnue par ceux qui avouent être ignorants en matière de jardinage est *Stachys* soleil. Ce duvet les protège de la chaleur, mais réduit aussi l'action de la chlorophylle, d'où une grosse demande en lumière. Nombre d'entre ces plantes viennent donc logiquement de climats méditerranéens, où il leur faut à tout prix retenir l'humidité. Les sauges aiment les lieux secs et ensoleillés, et offrent d'intéressantes matières. Par exemple, les feuilles de la sauge peinte (*Salvia viridis*), annuelle ou bisannuelle, se couvrent de duvet, et des bractées pourpres éclatantes apparaissent en été.

Les paillis de graviers réduisent l'évaporation, ce qui intéresse de nombreux jardiniers. Ils flattent également l'aspect des plantes duveteuses, le relief granuleux du gravier formant un écrin idéal à leur velours. C'est pourquoi les plantes massives comme le sédum, la joubarbe (*Sempervivum*) et l'échevéria sont des faire-valoir

*byzantina*, ou oreille-de-lièvre. Les dorycniums hirsutes, *Hydrangea aspera* groupe Villosa, la sauge de Jérusalem (*Phlomis fruticosa*) sont d'autres plantes veloutées. Elles joueront les médiateurs parmi les arbustes et vivaces épineux ou coupants, ou bien allégeront une masse lourde de persistants.

À de rares exceptions près, les plantes à feuillage gris et duveteux apprécient le plein

À gauche
**Peu de feuilles sont aussi laineuses que celles de *Verbascum bombyciferum*, contrastant ici avec la chair lisse de *Sedum telephium*.**
Au milieu
**Côtoyant ici une véronique bleue, *Stachys byzantina* est une des plantes les plus duveteuses.**
À droite
**Les fleurs elles-mêmes peuvent être étonnamment pelucheuses, tels les épis rouges de cette queue-de-renard (*Amaranthus caudatus*).**

parfaits pour le thym laineux (*Thymus pseudolanuginosus*) ou pour *Eriophyllum lanatum*, californien, plante rampante à fleurs jaunes sur des coussins de fourrure blanche, tout comme pour *Geranium renardii*, avec ses feuilles gris-vert légèrement soyeuses. Vous pouvez aussi choisir *Tanacetum densum amani*, aux fines feuilles plumeuses. Pour compléter le tableau, ajoutez quelques touffes de *Hieracium villosum*, une piloselle à fleurs de pissenlit, jaunes, aux tiges de 30 cm qui surplombent un feuillage soyeux gris-vert.

Dans ce mélange de vivaces, un arbrisseau, la frileuse *Lavandula lanata,* par exemple, servira à accentuer l'illusion d'été torride. Son doux feuillage très velouté, blanc pur, contraste vivement avec ses fleurs bleu sombre. Rapprochez-la de quelques touffes de *Salvia nemorosa* 'Ostfriesland' mêlées au traçant *Stachys byzantina* 'Silver Carpet' et ajoutez quelques touches d'achillées à fleurs crème. Tous ces végétaux aiment des sols drainés, comme *Salvia argentea*, de peu de durée, haute de 80 cm, aux feuilles de fourrure argentée et aux fleurs en onglets blancs. Vous pourrez l'introduire avec quelques grands agapanthes et peut-être *Campanula persicifolia*, pour compléter le tableau.

Bisannuel, *Verbascum bombyciferum* est peut-être le plus velouté de tous. Durant ses deux années de vie, son aspect varie fortement, quand sa rosette d'épaisses feuilles moelleuses s'étire en un épi de 1,80 m de haut, toujours velouté, et couvert de fleurs citron ; la variété *V. b.* 'Silver Lining' attend parfois trois ans pour fleurir, mais sa rosette y gagne en taille. Cette plante se ressème partout dans les jardins de graviers. C'est un compagnon idéal pour le pavot en arbre (*Romneya coulteri*), gris également, aux grandes fleurs de soie blanche fripées et au feuillage dentelé, qui atteint la même hauteur.

Dans ce groupe, *Verbena bonariensis* est un troisième larron bienvenu, avec ses minces candélabres élevés. Ses touffes apportent des myriades de pompons violets qui ne jureront pas avec la molène jaune, surtout si l'on a disposé quelques *Stachys byzantina* 'Primrose Heron' pour lier le tout. Bien qu'elle vive peu de temps, cette élégante verveine se ressème abondamment, au petit bonheur, en choisissant presque toujours la bonne place. À défaut, le feuillage plumeux et les fleurs couleur jaune clair de *Centaurea ruthenica* feront d'aimables associés.

À gauche

**_Phlomis fruticosa_ et _Salvia officinalis_ groupe Purpurascens portent des feuilles soyeuses ; celles de _Macleaya cordata_, elles, sont lisses comme du cuir.**

Au milieu

**Les feuilles finement colorées de _Salvia officinalis_ 'Tricolor' sont particulièrement douces au toucher.**

À droite

**Les fleurs veloutées de _Sedum spectabile_ s'associent au feuillage moelleux de _Stachys byzantina_, mais se détachent de celui de _Bergenia_ 'Morning Red', lisse.**

**L'impact visuel des textures** De nombreuses textures ont un impact visuel plus qu'un rôle tactile. Il existe par exemple des plantes « visuellement » piquantes, notamment les phormiums et les iris, les décoratives acanthes et le superbe cardon (*Cynara cardunculus*), qui paraissent seulement épineuses ou pointues. Elles jouent un rôle important au jardin où elles représentent un point de mire net, effilé, dans la masse estivale, par leurs lignes bien dessinées et élancées. Par contraste, il en existe dont la silhouette floue donne grâce et charme à l'ensemble d'une scène. Employer la fragilité des unes pour souligner la solidité des autres est une vieille ruse de cinéma qui fonctionne très bien au jardin. Les armoises laciniées, les fougères plumeuses telles que *Polystichum aculeatum* et *Dryopteris affinis* groupe Crispa et les fleurs impalpables du « brouillard » (*Gypsophila*), par exemple, allégeront des plantes sévères comme les yuccas et les éryngiums.

Parmi les feuillages, les armoises sont précieuses pour leur dentelle fine et légère. Elles prospèrent au sec au soleil et sont d'irremplaçables partenaires pour les imposantes et rigides *Euphorbia characias*, les épis de *Salvia nemorosa* et pour *Acanthus mollis* ou *A. spinosus*, graphiques. Le feuillage argenté de *Artemisia arborescens* 'Faith Raven', serré contre des masses de cistes blancs ou de *Carpenteria californica*, n'en apparaît que plus aérien, par contraste. En fait, quand vous employez des couleurs proches, ce sont les différences de textures qui personnalisent les plantes. Le mariage du feuillage plumeux, presque blanc, de *Artemisia alba* 'Canescens' et de *Convolvulus cneorum* aux reflets argentés, en est la preuve. Le fenouil (*Foeniculum vulgare*), avec son brouillard élégant, peut jouer un puissant rôle visuel dans une bordure ; vous créerez des rapports subtils en utilisant comme fond la forme bronze (*Foeniculum vulgare* 'Purpureum') pour *Helenium* 'Copper Spray' aux couleurs fortes, ou bien le fenouil vert à côté de *Phygelius aequalis* 'Yellow Trumpet'. Le fenouil de Florence étoffe les fleurs aux formes simples et s'emploie souvent mêlé à des vivaces herbacées pour fournir un fond aéré à des silhouettes

À gauche

**Les fleurs violet pâle de *Perovskia atriplicifolia*, à l'allure légère, contrastent avec celles, lisses, de *Lavatera assurgentiflora* 'Barnsley'.**

À gauche, au milieu

**Les fleurs abricot des achillées se mêlent aux têtes plumeuses de clématites.**

Ci-contre

**Les larges feuilles vert et blanc du lamier (*Lamium maculatum* 'Beacon Silver') contrastent idéalement avec celles, découpées en filigranes, de *Artemisia* 'Powis Castle' et avec celles de *A. ludoviciana* 'Valerie Finnis'. Les plantes se marient bien, leur couleur identique accentuant leurs différences de textures.**

À droite

**Vue en plein été, cette bordure aux tons verts doit son impact à un recours massif à des matières diverses. Visuellement, c'est le brouillard des grands fenouils verts (*Foeniculum vulgare*) qui domine. L'effet impalpable de cette plante plumeuse est parfait pour souligner des végétaux plus robustes. On trouve là des épis dressés de lupins jaunes et le feuillage des origans dorés ponctuant la lisière de la plate-bande. Ces officinales débordent sur le gravier de l'allée, adoucissant ainsi la frontière et créant un effet répété.**

plus consistantes. De même, au soleil, les aiguilles vert pomme de *Asparagus officinalis* seront-elles soutenues, à leur pied, par leur compagne de cuisine, la sauge (*Salvia officinalis*) aux feuilles gris velouté. La nigelle de Damas (*Nigella damascena*), annuelle à pousse rapide, porte des fleurs bleues ou blanches et fait un mariage très heureux avec la sauge pourpre (*Salvia officinalis* groupe Purpurascens) ; elle convient à la fois par sa texture, avec ses feuilles impalpables, et par la couleur, un peu plus tard, de ses capsules rayées de pourpre.

Dans les régions chaudes et sèches, les ramilles de plantes telles que le tamaris (*Tamarix ramosissima*, syn. *Tamarix pentandra*) économisent l'eau et donnent à l'arbuste sa silhouette fantomatique et frêle. Profitez-en pour planter à ses pieds des méditerranéennes telles que des hélianthèmes (*Helianthemum*), des lavandes, des santolines et du romarin ou pour l'opposer spectaculairement à la forme massive des agaves, cordylines et yuccas. En clair, toute plante qui comporte dans son état civil le mot « laciniata » aura d'étroites feuilles découpées. Par exemple, *Sambucus nigra laciniata* et *Rhus glabra* 'Laciniata' ont tous deux un fin feuillage ciselé très bienvenu auprès de celui, plus présent, de nombreuses espèces de viornes ou de prunus. De même, les fougères plumeuses donnent un merveilleux écrin aux hellébores et aux hostas, qui poussent dans les mêmes coins frais et ombreux. Les mélanges de textures fonctionneront à coup sûr si vous groupez des plantes d'exigences comparables, même venues de divers coins du globe (voir « Compatibilités d'humeur», p. 112-131).

L'effet visuel des textures n'est pas seulement lié aux feuillages. Certaines fleurs, notamment les spirées, les astilbes amateurs d'ombre et les barbes-de-bouc, montrent une matière plumeuse. Celle-ci valorise les lourdes feuilles coriaces des bergénias ou les lignes pures des grands hostas. Les fleurs des viornes peuvent être légères comme des plumes. Les gypsophiles, pigamons, cataires (*Nepeta*) et pérovskias portent des fleurs nuageuses qui, en plein soleil, donneront le relief nécessaire et un air espiègle à des plates-bandes particulièrement surchargées en formes fortes et en brillantes architectures.

Les fleurs du bien nommé 'arbre à perruques' (*Cotinus coggygria*) évoquent des nuages et donnent un ton particulier à des arbustes massifs comme l'aster en arbre (*Olearia* x *macrodonta*), aux feuilles duveteuses argentées. Les gypsophiles, en fleurs du printemps à l'automne, sont peut-être les plus légères de ces fleurs, dont les noms comme 'Rosy Veil' (Voile rose) ou 'Bristol Fairy' (la Fée de Bristol) sont évocateurs de ce caractère.

En mai-juin, les heuchéras présentent leurs clochettes en lisière de massifs. En été, les cataires se couvrent de nuages de fleurs bleu clair. Plus tard, c'est *Calamintha nepeta glandulosa* 'White Cloud' qui couvre le sol de minuscules fleurs blanches. En fin de saison, *Perovskia* 'Blue Spire' répondra aux divers *Phlox paniculata*.

En haut à gauche

**Toute une gamme de textures et de motifs est représentée dans cette scène de jardin blanc. Les fleurs légères de *Crambe cordifolia* se massent derrière *Campanule persicifolia alba* alliée à une graminée plumeuse, *Sorghastrum avenaceum*, et à *Viola cornuta* groupe Alba.**

En haut à droite

**L'aspect plumeux des textures de ce massif tient aux alchémilles et aux astilbes roses.**

Ci-contre

**Cette scène souple regroupe *Monarda* et *Persicaria amplexicaulis*, dont la forme des fleurs se démarque nettement des nuages de *Helictotrichon sempervirens*.**

### PLANTES À TEXTURES « VISUELLES »

***Adiantum venustum***
**Fougère caduque à frondes délicates vert frais, ciselées au printemps. Elle atteint 25 cm de haut et 30 cm de large en sol acide, frais, à mi-ombre.**

***Gypsophila paniculata* 'Bristol Fairy'**
**Vivace rustique à tiges filiformes divisées portant en été un nuage de minuscules fleurs blanches. Elle atteint 75 cm de haut pour 45 cm de large, au soleil, en sol bien drainé.**

***Pinus strobus* 'Radiata'**
**Petit pin à pousse lente couvert de ravissantes aiguilles bleu métallique d'où sortent au printemps les « chandelles ». Il peut atteindre 1,20 m de haut pour 1,50 m de large.**

***Saxifraga fortunei* 'Rubrifolia'**
**Cette vivace basse convient à des plantations en masse et porte des nuages de fleurs blanches contrastant avec la rosette de feuilles pourprées. Elle préfère un coin ombreux, abrité, en sol frais, où elle atteint 30 cm de haut et de large.**

***Stipa gigantea* (avoine géante)**
**Graminée vivace à feuilles étroites et panicules estivales rappelant l'avoine, l'argent ou le bronze, selon l'éclairage. Elle atteint 2,50 m de haut et 1 m de large.**

***Thalictrum aquilegiifolium album***
**C'est la forme blanche du pigamon, dont le type est lilas, avec un joli feuillage grisé, très divisé, et d'aimables fleurs mousseuses. Il lui faut le soleil ou la mi-ombre et un sol drainé pour atteindre 1,20 m de haut et 45 cm de large.**

**CRÉER DES MOTIFS**

Dans le jardin, les plantes forment des dessins. L'œil construit des rythmes ornementaux quand des plantes de formes comparables se répondent d'un coin à l'autre. Le relief naît aussi de la répétition des mêmes formes de feuilles ou de fleurs sur toute la surface, de l'utilisation de végétaux au feuillage inhabituel, ou encore du mélange de certaines plantes aux silhouettes spectaculaires.

**Les rythmes répétés** Il existe deux manières de réussir les rythmes ornementaux. La première fait appel à un quadrillage de motifs réguliers, géométriques, souvent symétriques. Des plantes similaires sont régulièrement espacées, ou bien les massifs sont ourlés de haies pour créer une harmonie rigoureuse. Les amateurs de précision mathématique pourront choisir des ibéris, des pâquerettes et des zinnias et les arranger en massifs ronds bordés de *Artemisia stelleriana*, à feuilles grises. Mais il est une autre méthode, qui laisse plus de place au hasard, où l'œil perçoit la configuration du jardin, en sélectionnant de façon inconsciente les formes pour les regrouper mentalement. Des plantes colonnaires, immédiatement repérables, conviennent, comme des épis de *Dictamnus*, repris par des *Liatris spicata*, plus resserrés et dressés, puis par les chandelles échevelées des tritomes. De même, une masse de *Veronicastrum virginicum* ou de *V. v. album* sera en phase avec une autre, de *Salvia nemorosa* 'Ostfriesland'. Ces séquences naissent aussi avec les plantes linéaires. Les iris répondent aux sisynrinchiums, les phormiums aux yuccas, et toutes ces plantes font apparaître des motifs en séries. Des liens entre feuillages à forte personnalité peuvent naître, avec, par exemple, le spectaculaire feuillage argent, dentelé, du *Cynara cardunculus* doublant des armoises grises.

Ci-dessus, à gauche
**Des rosiers 'Iceberg', intercalés de *Cynara cardunculus*, créent un rythme répétitif.**
Ci-dessus, à droite
**Les fines feuilles de ce *Carex* rappellent la forme dominante de *Phormium* 'Sundowner'.**
Page ci-contre, en haut
**Bandes de camomille, de *Santolina pinnata neapolitana* et de *Anthemis tinctoria* 'E. C. Buxton'.**
Page ci-contre, en bas
**Ce massif contient des épis répétés : *Verbascum chaixii*, ligulaires, lupins et delphiniums.**

Les fleurs fonctionnent de la même manière. Des roses trémières (*Alcea*) annuelles relaieront les molènes tandis que les fleurs mousseuses de la barbe-de-bouc (*Aruncus dioicus*) seront rappelées ailleurs par *Astilbe* 'Snowdrift' ou *A.* 'White Gloria'. Les boules azurées de *Echinops bannaticus* 'Taplow Blue', aux globes bleu foncé, domineront une vague de fleurs d'été ou répondront aux énormes *Allium giganteum* ou à *A. hollandicum* 'Purple sensation', de forme similaire, mais plus petit. En terrain frais, les primevères en boule (*Primula denticulata*) aux printanières inflorescences arrondies, lavande pâle, seront rappelées par les primevères à étages, aux verticilles parallèles.

Les petites fleurs sont très utiles pour la création du relief. Des composées comme les

coréopsis, les rudbeckias et les marguerites répéteront le même motif floral dans tout le jardin, alors que les masses épanouies d'autres vivaces donnent un tableau capiteux, un peu fou. C'est le cas de celles de *Santolina rosmarinifolia*, en forme de capsules jaune citron, et de celles, blanches, de *Achillea ptarmica* 'The Pearl'. Les arbustes à fleurs donnent le même effet pointilliste avec leurs petites fleurs arrondies.

**Les feuillages particuliers** Les motifs créés par les feuillages typés sont précieux au jardin, leur effet durant beaucoup plus longtemps que celui des fleurs. Les feuillages peuvent être ronds, étroits, minces, longs, trapus ou classiquement ovales, et on en trouve même de sagittés ou cordiformes. Le fin relief de certains, incisés, étalés, bilobés, crée un second plan bien dessiné.

Comme d'habitude, les herbes et feuillages rubanés jouent un rôle important dans les compositions en ordonnant d'autres silhouettes et en structurant la plate-bande par des massifs réguliers. Le grand *Crocosmia* 'Golden Fleece', mince, et le petit *C.* 'Jackanapes', strié, sont de bons modèles. J'ai également un faible pour les lignes raides de *Sisyrinchium striatum* et celles, plus souples, lumineuses, des hémérocalles, à cultiver en masses, glissées entre d'autres amateurs de soleil tels *Agastache foeniculum* et quelques *Achillea* 'Anthea', pour élancer le tout.

Les feuillages étroits, agités au moindre souffle, sont élégants. Les saules sont les modèles du genre avec leurs feuilles minces retombant gracieusement ; ils allègent des plantes massives comme les viornes ou les raides rhododendrons. Envahissant, mais ravissant, *Salix exigua* est superbe vu de loin, surtout mêlé à quelques cornouillers et sureaux. Le poirier d'ornement *Pyrus salicifolia* 'Pendula', aux petites feuilles argentées imitant le saule, est tout aussi clair, et c'est son feuillage, plus que ses fleurs, qui fait son succès. Toutes les feuilles de ce type ne sont pas aussi efficaces. Celles de *Cotoneaster salicifolia* ou de *Aucuba japonica* 'Salicifolia', par exemple, sont raides, mais leur étroitesse est sans pareille pour animer des feuillages plus ternes.

Les délicates ciselures fournies par une masse de petites feuilles seront le point fort de certains arbustes. Le minuscule feuillage de *Cotoneaster horizontalis*, porté par une ramure en chevrons, donne un attrait naturel au port en éventail de cet intéressant arbuste à palisser. Vous pouvez employer les divers modes de végétations de l'arbuste pour créer une illusion d'espace dans un jardin resserré. En plaçant au premier plan des feuillages larges, les plantes sembleront plus proches qu'en réalité, les petits feuillages paraissant plus éloignés. Par exemple, les myriades de feuilles minuscules de *Cotoneaster conspicuus* apparaîtront plus éloignées que celles, plus grosses, et plus simples, de *C. frigidus*.

Si l'ordre du jour est la rigueur, le grand vératre (*Veratrum viride*) y répondra. Lui et ses parents *V. nigrum* et *V. album* produisent, une fois établis, un ample feuillage vert d'où émergent de hautes inflorescences remarquables. À mi-ombre, en sol frais, leurs feuilles plissées, incomparables, sont très décoratives, particulièrement en compagnie des feuilles bronze, gaufrées, de *Rodgersia aesculifolia*, des douces *Alchemilla mollis* et d'un tapis de *Saxifraga fortunei* 'Rubrifolia'.

En haut

**Les frondes vert vif de *Matteucia struthiopteris* créent des motifs qui se répètent dans le pâle feuillage incisé d'un géranium.**

Au milieu

**Les feuillages de *Ribes sanguineum* doré et de *Euonymus fortunei* 'Emerald Gaiety', panaché, donnent des dessins contrastés.**

En bas

**Le givre dessine une superbe gravure hivernale sur les branches de *Cotoneaster horizontalis* dépouillé et les feuilles de *Helleborus foetidus*.**

N'oubliez surtout pas les feuillages panachés, très décoratifs : réservez-leur un coin car ils donnent de l'éclat aux persistants, plus sombres. Là encore, les cotoneasters ont du répondant ; les franges blanches des feuilles de *Cotoneaster horizontalis* 'Variegatus' virent au rose en automne. C'est le cas chez quelques plantes panachées, dont certains *Euonymus*, tel le rampant *E. fortunei* 'Emerald Gaiety', et chez *Fuchsia magellanica* 'Versicolor'. Ce dernier est un des plus élégants du genre, grâce à ses feuilles vert amande ombrées de rose cuivré et ses clochettes de fleurs cramoisi et pourpre.

Nombre d'arbustes offrent des formes panachées, dont le fraisier (*Fragaria*) et le somptueux *Cornus alba* 'Elegantissima'. On recherchera de même *C. alba* 'Spaethii', ses stries dorées virant au rose en fin de saison. Je pense aussi à deux très belles autres formes : *Iris pallida* 'Argentea Variegata', qui est ligné de blanc pur et de gris, et *I. p.* 'Variegata', panaché d'or. Il existe aussi des couvre-sols panachés qui donnent relief et lumière aux coins ombreux. Parmi eux les lierres, les *Pachysandra terminalis* 'Variegata', pour terre acide, et une forme de sureau yèble, moins envahissante que le type.

En haut
**De loin, en fin de journée, ce jardin prend des teintes douces, à base de blancs, verts et argent. Son charme tient à la grande variété de formes et motifs qui se mêlent et s'opposent.**
En bas
**Les fleurs orange des lis tigrés (*Lilium lancifolium*), nées en plein été, ponctuent d'une note chaude cette plate-bande où dominent les feuillages, dont ceux des artichauts, ciselés, et des hostas, étalés, mêlés à quelques primevères.**

**Les feuillages spectaculaires** Les feuillages géants font leur propre loi, dominant si fort le jardin que relief et matière disparaissent derrière leur volume. Le mélange de formes rondes et pointues, de courbes, de masses ponctuelles et d'effets de brume demande des points forts pour guider l'œil vers des lieux précis. Certains feuillages spectaculaires remplissent cette fonction en donnant de la rigueur au jardin, qui devient alors « lisible » et prend beaucoup d'allure.

Pour un jardin sec, ensoleillé, il y a peu de plantes géantes à part *Crambe cordifolia*, aux feuilles de chou et aux fleurs de type gypsophile, et des plantes à feuillages gris, dont *Macleaya cordata*, *Cynara cardunculus* et l'exubérant *Melianthus major*, vert jade. Cela tient à ce que nombre de grandes feuilles demandent de l'eau et aiment plutôt les berges des ruisseaux et des mares. Larges de 1,50 m, les feuilles découpées de *Gunnera manicata,* fortement gaufrées, peuvent atteindre 2 m de haut. On connaît quelques autres plantes spectaculaires, mais plus réduites, à introduire dans le même paysage humide : on y trouve les grandes feuilles rondes de *Peltiphyllum peltatum*, maintenant appelé *Darmera peltata*, de 30-40 cm de large, et les pagaies de *Lysichiton americanus*, de 1,20 m de long, tous deux bien valorisés par les lames verticales du flambe d'eau (*Iris pseudacorus*).

Les feuilles rondes de *Astilboides tabularis* (syn. *Rodgersia tabularis*) peuvent atteindre 90 cm de diamètre ; toujours entières, plus claires que leurs compagnes, elles se détachent nettement. *Petasites japonicus giganteus* reproduit ce dessin arrondi, mais il faut le surveiller de près, car il est très envahissant. Par ailleurs, la superbe osmonde royale (*Osmunda regalis*) convient aussi aux bords de mares où ses élégantes frondes se déploient au printemps. Ces plantes s'opposent parfaitement aux lignes artistiques d'autres grandes dames.

Les rodgersias, ligulaires et hostas ont également beaucoup de qualités, pour le décor et la matière. Leurs grandes feuilles bien formées, élégantes, sont parfaites en terre fraîche dans les petits jardins. *Rodgersia podophylla* est bronze,

À gauche
**Les énormes feuilles de ce *Gunnera manicata* prennent la place d'honneur au bord de l'eau.**
Au centre
**Un feuillage aux formes marquées tel celui du cardon (*Cynara cardunculus*) fournit un décor argenté typé, d'un bel effet avec *Salvia pratensis*.**
À droite
**Les simples feuilles rondes de *Ligularia dentata* 'Desdemona', associées à *Hosta sieboldiana elegans*, contrastent avec le plumeux *Acer palmatum dissectum*.**

alors que *Ligularia dentata* 'Desdemona' est franchement acajou. *Rodgersia sambucifolia* et *R. pinnata* ont un feuillage composé, très ornemental, et *Ligularia* 'The Rocket' porte des feuilles dentelées, triangulaires. La fougère plume-d'autruche (*Matteucia struthiopteris*), vert frais, restera dans la même échelle avec son mètre de hauteur.

Les formes parfaites des hostas, nettes, symétriques avec leur luxuriance et leur gamme de coloris verts, bleus et jaunes, demandent à être exploitées. Le grand *Hosta sieboldiana elegans* est superbement garni de feuilles gris-bleu, coriaces, côtelées. Vous aurez un joli tableau en le mariant aux feuilles couleur bronze, rugueuses, de *Rodgersia podophylla*, devant un fond de fougères. De même couleur, *H.* 'Blue Angel' est plus trapu, très nervuré, tandis que *H.* 'Blue Wedgwood' porte des feuilles très pointues. L'épiderme cireux de *H. undulata* crée un motif ondoyant, repris par *Hedera helix* 'Manda's Crested', en couvre-sol, ou par la riche matière frisée des feuilles d'astilbe.

Si vous aimez un certain exotisme, les palmiers rustiques, comme *Trachycarpus excelsa*, cohabiteront, dans les jardins tempérés, avec des yuccas, des cordylines et des bambous. Ces formes puissantes, rassemblées, forment un festival d'angles vifs. Ce style « exotique » est fourni aussi par des plantes plus rustiques tels que les fatsias, les acanthes et les phormiums, ces derniers étant particulièrement adéquats en climat un peu frais pour donner un relief accusé grâce à leurs solides épées. On en trouve toute une gamme en vert, en rouge, en panaché. Les lames grises imposantes de *Phormium tenax*, par exemple, seront plaisamment mêlées à *Melianthus major*, tout aussi majestueux et élevé.

À gauche

**Les feuilles vertes liserées d'orange de *Phormium tenax* 'Aurora' sont des lames spectaculaires.**

Au centre

**Les grandes feuilles découpées, qui ressemblent à du persil géant, de *Heracleum mantegazzianum*, forment un superbe motif.**

À droite

***Lysichiton americanus* émet de lourdes feuilles en forme de pagaies tout au long de la saison, si on lui donne un sol raisonnablement humide.**

Plus au chaud, on pourra ajouter d'autres partenaires à feuilles pittoresques comme la canne de Provence (*Arundo donax*), *Hedychium densiflorum*, *Dicksonia antarctica* et les grands bambous comme *Phyllostachys nigra*. Ceux-ci supportent le froid s'ils sont protégés et se marient alors aux bananiers (*Musa basjoo*), aux cordylines, ou aux cannas, surmontés de fleurs orange tout aussi spectaculaires.

**Un jardin de graminées** Le fond du jardin est planté de pins à crochets (*Pinus cembra*), rigides et persistants. Ces conifères à pousse rapide, porteurs d'aiguilles, atteignent 20 m de haut. Ils fournissent un décor sombre d'où rayonnent les plantes de la bordure et donnent une bonne assise à cette composition remarquable.

De la composition se dégage une sensation de calme, avec des graminées aux tons subtils et d'autres feuillages de formes apparentées, répétées systématiquement dans toute la plate-bande. La variété des matières est une invitation au toucher. De fait, nombre de ces plantes s'y prêtent particulièrement bien, ainsi *Pennisetum alopecuroides* (syn. *P. compressum*), dont les fleurs évoquent des chenilles soyeuses balancées par le vent au bout d'une ligne de pêche ; sous certains éclairages, quand les soies sont détachées par la lumière, elles deviennent presque transparentes. D'autres espèces méritent l'attention, comme *P. setaceum* (syn. *P. ruepellii*), aux touffes denses, ou *P. villosum* (syn. *P. longistylum*), aux longues tiges et aux fleurs crème rosé tournant au brun clair en automne.

Au fond de la plate-bande, on trouve d'autres fleurs de graminées d'ornement qui semblent impalpables, comme celles de *Miscanthus sinensis* et de *M. sacchariflorus* ; hautes, elles réclament de la place. Certaines herbes ornementales poussent lentement mais finissent par former de solides touffes de feuillage retombant d'où partent des épis mousseux, argentés ou brun rosé. De même, les plumets soyeux de la petite herbe des pampas (*Cortaderia selloana* 'Pumila'), persistante assez gracieuse, donnent du poids aux fleurs plus légères ; en fin d'été, leurs panicules argentées, qui poussent jusqu'à 60 cm de haut, apparaissent au-dessus des feuilles recourbées, aux bords assez coupants.

Le reste de la composition dispense des contrastes de formes et de matières qui mettent en valeur la légèreté et la mobilité des fleurs. Des touffes imposantes de feuillages effilés servent à stabiliser ces matières légères, plumeuses. Les sabres pointus du lin de Nouvelle-Zélande (*Phormium tenax*, groupe Purpureum), persistants, ont un rôle comparable. C'est cet ordonnancement qui équilibre l'ensemble.

Le sédum 'Herbstfreude' apporte un contraste, autant par la forme de ses feuilles que par celle de ses têtes florales, aplaties : cette vivace touffue porte des feuilles ovales, charnues, argentées, et des fleurs roses en fin d'été. En outre, ce feuillage très lisse fournit un contraste tactile. Quand l'automne avance, la couleur rousse du sédum s'accentue. *S.* 'Ruby Glow', bordeaux, produit des feuilles renflées, épaisses, alors que le feuillage raide de l'arbre à cari (*Helichrysum italicum*), argenté, persistant, fournit lui aussi un point d'ancrage. Parmi les asters d'automne, *Aster laterifolius* 'Horizontalis' voit son feuillage virer au pourpre cuivré en fin de saison et *A.* x *frikartii* 'Mönch', plus léger, porte ses fleurs d'un bleu inimitable dès la fin de l'été.

**Au printemps**

**Au printemps,** à droite Après l'hiver, on rabat les tiges mortes. Une plate-bande de ce type démarrant lentement, quelques bulbes à fleurs rempliront les vides jusqu'à ce que la verdure s'installe. Des espèces comme *Ornithogalum nutans*, à fleurs vert et blanc, et la petite *Scilla siberica*, bleu intense, parviendront à cacher la terre nue. Les hélichrysums persistants, taillés, sont inébranlables, comme les sédums, tandis que le dôme net de *Ajania pacifica* (syn. *Chrysanthemum pacificum*) fait remarquer son port étalé en rosette.

**À la fin de l'automne et en hiver,** ci-contre La beauté de l'arrière-saison est conservée jusqu'en hiver. Les tons de la bordure s'uniformisent presque, dominés par les beiges des pailles blanchies, les coquille d'œuf et les brun-roux. Les feuilles des graminées gardent leur forme et s'ourlent de givre ou s'emmitouflent de neige. En lisière, de petits persistants donnent de l'étoffe et les sédums brun sombre fournissent le contraste velouté avec les autres matières, parcheminées, bruissantes. Le tardif *Schizostylis coccinea* produit des fleurs rouges jusqu'à Noël. *Buddleja davidii* 'Black Knight' a été rabattu dès l'automne.

**En été,** ci-dessous Tout l'esprit de cette plate-bande se dégage au cœur de l'été quand les feuilles souples, élancées, prennent le vent. Elle sera à son apogée un peu plus tard, avec l'arrivée en masse des inflorescences.

**À la fin de l'automne et en hiver**

Légende
(H = hauteur ; É = étalement)

**1.** *Buddleja davidii* 'Black Knight', H et É : 5 m
**2.** *Rosa* x *odorata* 'Mutabilis', H et É : 3 m
**3.** *Cortaderia selloana* 'Pumila', H et É : 1,20 m
**4.** *Aster* x *frikartii* 'Mönch', H : 75 cm ; É : 45 cm
**5.** *Sedum* 'Herbstfreude', H et É : 60 cm
**6.** *Helichrysum italicum*, H : 60 cm ; É : 90 cm
**7.** *Ajania pacifica*, H et É : 45 cm
**8.** *Sedum* 'Ruby Glow', H et É : 45 cm
**9.** *Pennisetum alopecuroides*, H : 90 cm ; É : 45 cm
**10.** *Aster lateriflorus* 'Horizontalis', H : 60 cm ; É : 45 cm
**11.** *Miscanthus sacchariflorus*, H : 2,50 m ; É : 90 cm
**12.** *Miscanthus sinensis* 'Morning Light', H : 1,20 m ; É : 45 cm
**13.** *Artemisia alba* 'Canescens', H et É : 30 cm
**14.** *Scilla siberica*, H : 10-15 cm ; É : 5 cm
**15.** *Ornithogalum nutans*, H : 15-35 cm ; É : 8-10 cm
**16.** *Phormium tenax* groupe Purpureum, H : 3 m ; É : 1,20 m
**17.** *Berberis thunbergii* 'Bagatelle', H et É : 30 cm
**18.** *Schizostylis coccinea* 'Major', H : 60 cm ; É : 25-30 cm

# LA COULEUR

La couleur est une des joies de l'existence. Elle signe une ambiance, séduit l'œil et marque les saisons. Des couleurs assorties sont idéales dans les compositions de scènes pour créer des effets harmonieux, calmes, spectaculaires ou vibrants. Mais rien n'est jamais acquis en la matière : les nuances ne sont pas stables,

les rapports de tons varient et les « lois » de l'harmonie sont flexibles. Cela est dû en partie à la subjectivité de chacun, qui fait modifier l'essence même des couleurs. De plus, le voisinage des diverses couleurs peut jouer sur leur tonalité, ainsi que la nature fantasque de la lumière. Les jardiniers qui osent se plonger dans l'univers coloré ajoutent une dimension particulière à leur jardin.

À gauche
**La dominante rouge est donnée par des crocosmias, des potentilles, des penstemons, avec des achillées à cœur doré et un berbéris acajou.**

Ci-dessus
***Dierama pulcherrimum*, rose, et *Schizostylis coccinea* 'Mrs Hegarty' se marient bien aux armoises argent, aux campanules et gypsophiles blancs.**

## APPROCHE DE LA THÉORIE DES COULEURS

Nous définissons la couleur comme un effet lumineux, c'est-à-dire un rayonnement transmis par des ondes. Isaac Newton découvrit qu'un rayon lumineux se disperse en traversant du verre ou une goutte d'eau : celui-ci est constitué de diverses longueurs d'ondes colorées, réparties en un arc-en-ciel appelé spectre. Ces couleurs familières sont, dans l'ordre, le rouge, qu'elles au jardin, mais, sans apport de nuances, le résultat sera brutal et rude. En les mélangeant, en revanche, vous ferez naître les autres couleurs du spectre, dites « secondaires ». Le rouge se mêle au jaune pour créer l'orangé ; le jaune, marié au bleu, donne le vert ; et le bleu, avec du rouge, produit le violet. Les trois couleurs secondaires sont donc l'orangé, le vert et le violet. jardin (voir « L'influence des teintes et tons », p. 74-77).

Par ailleurs, les trois couleurs secondaires ont un rapport fort avec les couleurs primaires. Si l'on place une de ces dernières à côté d'une des couleurs secondaires, les deux étant associées en mélange équilibré, une lutte violente va s'instaurer pour conquérir la première place, et l'œil ne peut les accommoder.

Ci-dessus

**L'iris 'Kent Pride', brun-roux et pourpre, *Heuchera* 'Rachel', *Erysimum* 'Bowles' mauve et les ancolies se marient bien au fenouil couleur bronze.**

Ci-dessus

**Ce massif est composé de tulipes, en compagnie d'élégantes fleurs blanches de la monnaie-du-pape panachée (*Lunaria annua*), de hostas panachés et *Alchemilla mollis*.**

Ci-dessus

**Les aéoniums, d'un riche ton chocolat ; forment un beau contraste avec *Sedum cauticola*, et sont adossés sur un fond de traverses de bois.**

l'orange, le jaune, le vert, le bleu, l'indigo et le violet.

L'appréciation des couleurs est subjective, mais certains aspects en sont aisément mesurables. De toutes celles du spectre, seules trois couleurs sont pures : le rouge, le jaune et le bleu, qui dominent. On ne peut les décomposer : elles sont dites « primaires ». Vous obtiendrez un contraste optimal en n'employant

Une modification du dosage des mélanges crée des tons plus subtils encore. Ainsi, certains verts sont acides et d'autres virent au turquoise. De même, des rouges à peine effleurés par le bleu deviennent cramoisis, tirant vers les tons vineux, alors qu'avec une touche de jaune ils virent au vermillon et tendent vers le rouille. On peut bien sûr jouer avec toutes ces subtilités au

Ces rapports colorés sont dits complémentaires. Le rouge pur, près d'un vert moyen, semble trembler, et le bleu près de l'orangé ou le jaune près du violet donnent un résultat aussi mouvementé. L'œil est gêné par ces rapports et résout le problème en imaginant une ligne blanche pour les séparer.

Nos sens sont donc influençables en ce domaine, et notre raisonnement en matière de couleurs est altéré par la disposition de celles-ci. C'est un paradoxe, mais chaque couleur n'est elle-même qu'isolée. Dès qu'une autre intervient dans le paysage, la première s'altère. Elle n'a pas forcément changé, mais sa compagne affecte son aspect. L'agencement des coloris modifie donc ceux-ci. Comme je l'ai déjà dit, les couleurs complémentaires juxtaposées se livrent un combat acharné. À l'opposé, si vous accolez des couleurs du spectre proches comme le rouge et l'orangé ou le bleu et le vert, vous intensifierez l'impact de chacune. Les jardiniers se sont pas censés être aussi peintres, mais jouer avec ces effets peut être très amusant, du fait de l'influence réciproque des protagonistes. En dessinant votre jardin, il faut imaginer l'effet final, puis employer les bons coloris de feuillages et de fleurs.

Ci-dessous

**Planté librement, ce jardin est riche de toute une gamme de coloris, dans des nuances variées, dont le pourpre, le lilas, le rouge, le rose, le bleu, le jaune et le blanc. Ressemblant à la gamme des couleurs sur la palette du peintre, il recèle une foule de délicieuses plantes estivales. On y remarque les élégantes fleurs bleu-violet des campanules, des ails aux boules pourpres, des coquelicots, des potentilles et des monardes, sur un fond de feuillage sombre.**

**OMBRE ET LUMIÈRE**

Pour bien choisir les couleurs, tenez compte des zones de lumière et d'ombre. Le niveau d'éclairement joue sur le type de plantes cultivables comme sur la qualité des coloris.

L'ombre est à coup sûr un atout au jardin, offrant un repos quand celui-ci est écrasé de soleil. Les recoins ombreux, mystérieux, apparaissent accueillants, et nombre de très beaux végétaux apprécient cet abri. Un de mes grands regrets est que la plupart des plantes à grandes feuilles vertes, qui font si bon effet ensemble, demandent des terres fraîches et un abri contre le soleil desséchant. La verte luxuriance offerte par le climat irlandais n'est pas possible partout.

Les amateurs d'ombre comprennent des classiques sûrs comme les bergénias, couvre-sols à feuilles rondes et coriaces, aux côtés des brunneras aux feuilles cordiformes. Un autre ensemble aimable comprendra des iris gigot (*Iris foetidissima*), aux modestes fleurs mauves et aux éclatants fruits hivernaux orange, avec le vert frais de *Liriope muscari* aux fleurs lilas vif en fin d'été. Songez aussi à *Alchemilla mollis*, qui adoucit l'ensemble avec ses feuilles gris-vert et

En haut

**Les tons pastel, doux, sous ce petit arbre à tronc marron foncé, sont fournis par *Corydalis flexuosa* 'Père David', bleu, des tiarellas roses, des camomilles dorées (*Tanacetum parthenium*), la graminée *Molinia caerulea* et des polémoines (*Polemonium*) panachées.**

En bas

**Des rhododendrons et des azalées aux tons vifs, allant du jaune d'or à l'écarlate et du rouge au rose pâle, sont parfaits pour donner de l'éclat à un sous-bois. Les effets, différents suivant qu'ils reçoivent le plein soleil ou une lumière tamisée, sont bien marqués.**

ses fleurs chartreuse. Vous pourrez y adjoindre des pervenches et des lamiers pour introduire des motifs plus petits et varier les couleurs de feuillages et de fleurs. Les fleurs de pervenche sont blanches, bleues ou magenta ; les lamiers sont roses ou crème. Ces couleurs s'accordent bien. Tous les jardiniers ont un coin à l'ombre où les couleurs douces se révèlent bien, plus brillantes qu'écrasées de soleil. Et en fin de journée, les couleurs claires gagnent en intensité.

Le choix de plantes pour ombre légère ne cesse de croître : elles sont dotées de feuillages aux intéressantes textures et de fleurs de belles couleurs, même si la plupart, là encore, préfèrent les terrains frais. Là, les fougères, astilbes, sceaux-de-Salomon (*Polygonatum biflorum*) et les couvre-sols pour terre acide comme *Asarum europaeum* et *Maianthemum bifolium* sont luxuriants. Pour un délicat accord coloré printanier, mêlez *Euphorbia amygdaloides robbiae*, chartreuse, avec des hellébores vert et blanc, et des brunneras, des omphalodes, des ancolies et des clochettes bleues. Des aconits 'Bressingham Blue', bleu-violet, des astilbes roses, rouges ou blanches et des hostas ciselés aux fleurs mauves ou blanches prendront le relais. Plus tard, *Anemone hupehensis* 'September Charm', rose, ou *A.* x *hybrida* 'Honorine Jobert', blanche, éclaireront le feuillage sombre des rhododendrons.

Si vous préférez les couleurs vives, en sol acide et à mi-ombre, les rhododendrons seront sans égaux. Les hybrides ont des tons froids, où les roses frais, le cramoisi et les pourpres dominent. À l'opposé, les tons des azalées caduques sont chauds, à base d'or ou d'orange. Associez-les donc avec circonspection. Tous apprécieront la compagnie des fougères, clochettes, hellébores, anémones et digitales.

Ci-dessous

**Ces formes rose clair et blanches de *Helleborus orientalis* sont mariées aux délicats perce-neige (*Galanthus*) et semblent luire dans cette lumière douce en lisière de sous-bois.**

Ci-dessous

**Pour un jardin de feuillages, le choix des verts est étendu ; ici, *Ophiopogon planiscapus* 'Nigrescens', à feuilles noires, se mêle aux hostas, aux astrances, aux lierres rampants et aux buglosses.**

Si votre jardin est très ensoleillé et qu'il dispose de peu d'ombre, le vent sera aussi problématique que la sécheresse. Une fois ces contraintes prises en compte, le choix des plantes reste vaste. Rappelez-vous que la forte lumière met bien en valeur les couleurs primaires et les tons saturés qui en découlent. Bien que tout le spectre soit utilisable dans les coins chauds et en plein soleil, songez à utiliser à bon escient les formes et les silhouettes de vos plantes pour tempérer un effet bariolé (voir « Assemblages multicolores », p. 104-105).

Cela posé, vous pouvez essayer un thème coloré fondé sur l'harmonie où les rouges sont mariés aux jaunes par des orange, avec le zeste occasionnel d'un peu de bleu nuit. Songez aux crocosmias, aux tournesols, aux rudbeckias, aux tritomes, aux monardes et aux sauges avec une pointe de *Veronica austriaca teucrium* 'Crater Lake Blue', un franc-tireur. À l'opposé, liez pourpres, violets et bleus en employant ancolies, anchusas, campanules, pérovskias, delphiniums et ails. Vous pourrez ajouter des outsiders tels que *Euphorbia griffithii* 'Fireglow' ou un hélénium cuivre. Si vous préférez le contraste (voir p. 68) à l'harmonie, je vous suggère un massif or ou jaune pâle avec des taches bleues. *Philadelphus coronarius* 'Aureus', à feuilles dorées, et *Millium effusum* 'Aureum' avec des géraniums ou des campanules bleus pourront s'y associer, dans le même esprit.

Notre lieu d'habitation influe sur nos préférences, la latitude jouant sur les couleurs de nos plantes familières. Les lumières nordiques, plus bleues, adoucissent les couleurs et soulignent les nuances délicates. Plus on va vers le sud, plus la lumière jaunit et demande des tons plus forts. Ces variations géographiques sont évidentes quand on installe des plantes de climats chauds en zones tempérées, en massifs, où elles semblent trop fortes face à nos douces indigènes.

Les jardins de bonne surface voient varier l'intensité lumineuse au cours de la journée et des saisons, et donc la qualité des couleurs. C'est le matin qu'elles sont le plus vives. À midi, elles sont éteintes. Le soir, les pastels et les blancs prennent le relais. On voit donc bien que la lumière change l'aspect de chaque chose et que la couleur est un ornement complexe.

En haut

**La délicatesse du mélange de cette plate-bande tient à la monarde 'Cherokee', rose, aux pigamons mauves, à *Eryngium giganteum* argenté et au *Calamagrostis* x *acutifolia*, qui se mêlent harmonieusement dans la lumière de l'après-midi.**

En bas

**La bordure est la même qu'au-dessus, mais le cliché est pris plus tard, quand la chaude lumière de la soirée baigne les plantes. Elles ont été choisies judicieusement afin de bénéficier des variations d'éclairage. La texture plumeuse de la majorité d'entre elles se pare d'éclatantes couleurs et les têtes argentées du chardon s'illuminent.**

Page de droite, en haut à gauche

**La lumière du soir scintille dans les delphiniums et les pavots, mêlés aux rosiers 'Fred Loads', 'Iceberg' et 'The Queen Elizabeth'.**

En haut à droite

**Le crème frais de cet *Iris germanica* et du rosier 'Frühlingsgold' égaie ce mélange discret d'ancolies bleues et lilas et de *Rosa rugosa* lie-de-vin.**

En bas à gauche

**La lumière douce avive les tons des pétunias, des pélargoniums, des dahlias et des sauges.**

En bas à droite

**La chaude lumière du soir réveille le rouge des capucines et des dahlias et l'orangé des lis.**

## L'INFLUENCE DES NUANCES ET DES TONS

Les couleurs, outre leurs qualités décoratives, peuvent influer sur l'esprit d'un lieu ou créer d'apparents changements d'ambiance. On peut obtenir des effets spectaculaires en employant de brûlants écarlates et orange ou de rafaîchissants bleus.

Le pouvoir émotionnel des couleurs est reconnu par toutes les cultures. Nous reconnaissons tous l'effet chaleureux des jaunes vifs, des rouges flamboyants et des orangés brûlants, la fraîcheur des bleus et des violets. Les couleurs à dominante rouge sont envahissantes et excitantes. Mélangé à d'autres couleurs également puissantes, le rouge fait vraiment sensation. Les artistes utilisent d'ailleurs cette caractéristique pour susciter l'émoi ou créer une atmosphère. Un rouge moyen supposé « chaud », paraîtra « froid » mêlé à du bleu, comme sur le rosier 'William Lobb' ou le fuchsia 'Tom Thumb' ; à l'opposé, mêlé au jaune, il s'éveillera. Voyez les tons vermillon de *Lychnis chalcedonica* ou encore l'orange profond de *Asclepias tuberosa.* De même façon, des coquelicots (*Papaver rhoeas*) mêlés à du lin bleu (*Linum narbonense*) donnent un tableau plus froid qu'au milieu des blés où leur rouge vire à un appétissant écarlate.

La couleur a un autre effet important sur nos sens. Les tons chauds semblent plus proches de nous alors que bleus et violets s'éloignent. Depuis des siècles, les peintres de paysages exploitent cet effet pour donner de la profondeur à leurs créations, en assombrissant de bleu la couleur normale des objets lointains. À l'identique, les bordures chargées en bleu semblent s'allonger et leur profondeur réelle augmenter.

Page ci-contre

**Dans ce jardin, les couleurs froides des achillées rose bleuté, de *Lysimachia clethroides*, blanche, et des filipendules sont mêlées aux chaleureux lis orange, aux alstromères, aux héléniums et aux pavots rouges.**

Ci-dessus, à gauche

**Dahlias, astrances et capucines sont associés aux *Plantago* pourpres.**

Ci-dessus, à droite

***Amaranthus caudatus* est marié à penstémons, montbrétias et rudbeckias.**

Les couleurs du spectre sont naturellement foncées ou claires. Photographiés en noir et blanc, les jaunes apparaissent presque blancs et les pourpres quasiment noirs. En peinture, on modifie cet ordre naturel en ajoutant du blanc pour obtenir des tons pastel ou en assombrissant la couleur pour appuyer son relief. On peut donc obtenir du jaune crème et de l'ocre foncé, du lilas pâle et du violet sombre. Nous choisissons tantôt

du rose, du vert jade ou du bleu pâle, tantôt du marron, du vert sombre ou du bleu nuit. Au jardin, des tons pâles, sur un fond sombre, ou des tons soutenus, dans une scène claire, fourniront l'effet frappant recherché.

Le contraste est un outil précieux pour le mariage des plantes, mais il n'est pas le seul. L'harmonie est tout aussi riche. Il est intéressant de comparer, à ce propos, deux plantes californiennes. D'une part, *Carpenteria californica,* arbuste dont les feuilles vert sombre contrastent fortement avec ses délicates fleurs blanches ; d'autre part, les fleurs, blanches également, du pavot en arbre (*Romneya coulteri*) naissant sur un clair feuillage gris-bleu. Le blanc, dans ce cas, est renforcé par le rapport harmonieux avec une valeur proche.

L'harmonie de tons de valeurs proches peut souligner aussi la qualité de chacune. Les cannas aux brillantes fleurs rouges sont éblouissants dans leur gaine de feuilles sombres et l'écarlate de *Lobelia* 'Queen Victoria' se marie bien à ses feuilles acajou. On obtient un effet comparable en plaçant des fleurs foncées contre un feuillage sombre. Les aconits (*Aconitum napellus*) indigo seront étoffés par les feuilles rouge sombre de *Cotinus coggygria.* La technique vaut pour les tons clairs. Leur valeur reste la même, mais l'impact de chaque couleur est concentré et l'ensemble gagne en intensité.

Les nuances, dans chaque couleur, peuvent créer de délicieux effets. Les pastels, en particulier, ont une délicatesse indéfinissable convenant aux jardins romantiques ; ils peuvent aussi égayer la solennité d'un jardin régulier. Choisissez des plantes qui s'harmonisent dans une même gamme de tons, telles *Achillea 'Anthea'*, crème à feuilles argentées, et *Lupinus arboreus*, ivoire. Envisagez même les associations de verts pâles en employant des fleurs blanches ombrées de vert, tel *Helleborus argutifolius*, printanier, *Veratrum viride*, *Eucomis comosa* et *Kniphofia* 'Green Jade', qui se fondront aux fleurs et feuilles voisines.

La lumière de chaque saison joue sur l'intensité des couleurs. Les jaunes, les bleus clairs et les roses du printemps cèdent le pas aux chaudes couleurs de l'été, puis aux feux de l'automne. Feuillages et baies flamboient avant l'apparition, en hiver, de couleurs plus froides, puis ce sont les hellébores, verts, rose pâle, crème, et quelques arbustes crème, jaunes et rose pâle.

En haut

**Les héléniums rouge acajou tiennent compagnie aux *Achillea* 'Feuerland', cuivre.**

Au milieu

**Le rosier grimpant 'American Pillar' se mêle à la clématite bordeaux 'Madame Julia Correvon' et aux *Campanula lactiflora* bleu clair.**

En bas

**Le lilas de *Echinacea purpurea*, à cœur sombre, contraste avec le rouille de *Helenium* 'Kupferzweg' et le rouge sombre de *Achillea* 'Summerwine'.**

Page ci-contre, en haut à gauche

**Ce mélange bleu et jaune comporte des campanules sur fond d'anthémis.**

En haut à droite

**Tout en nuances, ce massif est composé de crème, de jaunes et d'une pointe de gris, donnés par les tritomes, les santolines et les angéliques.**

En bas

**Les fleurs rouge feu de *Crocosmia* 'Lucifer' sont magnifiques avec les lis abricot et le cuivre de *Achillea* 'Feuerland', et contrastent avec le brouillard jaune clair de *Alchemilla mollis*.**

Ci-contre

**Le sombre feuillage acajou de *Cotinus coggygria* 'Royal Purple' fait ressortir le feuillage panaché de *Euonymus fortunei* 'Emerald Gaiety' et les fleurs rose tendre de *Sedum spectabile*.**

Ci-dessous

**Superbe, cette plate-bande est plantée d'armoises argentées et d'élégants *Helichrysum* aériens qui fournissent un fond idéal pour ces dahlias, lobélias et *Alonsoa* écarlates. L'ensemble est encore plus beau mis en valeur par la sombre et dense haie du fond.**

Page ci-contre, à gauche

**Les cotinus foncés et les cornouillers panachés (*Cornus alba* 'Elegantissima') contrastent avec les iris.**

Page ci-contre, au milieu

***Cercis canadensis* 'Forest Pansy' et *Heuchera* 'Palace Purple', acajou, mêlés aux roses et aux rouges des monardes, aux achillées orange et à *Dierama pulcherrimum*, rose, sont mis en relief par l'argent de *Pyrus salicifolia* 'Pendula'.**

Page ci-contre, à droite

**Placées devant *Ilex* x *altaclerensis* 'Lawsoniana', panaché d'or, les tulipes attirent le regard.**

**LA TRAME DU JARDIN**

Dans les régions tempérées, un feuillage vert sert presque toujours de décor devant lequel s'étalent les autres couleurs. Sous des climats plus humides, les tons verts créent un luxuriant tapis. « Vert » recouvre en fait toute une gamme de nuances, depuis le jaune chartreuse de *Philadelphus coronarius* 'Aureus' jusqu'au bleu turquoise de *Ruta graveolens* 'Jackman's Blue'. Le choix de la bonne nuance de vert jouera sur votre perception de la couleur des plantes voisines (voir p. 68-69).

La plupart des feuillages panachés ont pour effet d'éclairer une plantation et de dynamiser la trame colorée. Les cornouillers comme *Cornus alba* 'Elegantissima' ou *Weigela florida* 'Aureovariegata' représentent des fonds parfaits. Pour l'ombre, des hostas et des brunnéras panachés conviennent bien et, pour des zones plus ensoleillées, des graminées striées de blanc. Nombre d'iris sont valorisés par leurs propres feuillages panachés. Pour la toile de fond, les ifs ou les lauriers du Portugal (*Prunus lusitanica*) sont remarquables dans les tons sombres ; pour les clairs, retenez *Pittosporum tenuifolium* 'James Stirling' ou les grasses feuilles herbacées de *Sedum spectabile*. Ces contrastes de valeurs sont précieux si vous voulez simplifier une scène. Faites le bilan lumineux de votre jardin, puis choisissez entre les contrastes frappants ou l'harmonie apaisante. Par exemple, en lumière tamisée, les feuillages sombres de *Viburnum tinus* ou de *V. davidii* seront bienvenus, avec *Geranium pratense* 'Mrs Kendall Clark', bleu pâle, en contrepoint lumineux.

En plein soleil, les feuillages vert moyen de nombreuses vivaces donneront un fond sans histoire à un éventail de couleurs. Mais cela ne fonctionne pas partout. En régions chaudes et sèches, c'est le gris qui accompagne les autres couleurs : faute de pluie, le gris est le « vert du pauvre ». Quantité de plantes à feuillage gris ou argent, tel *Melianthus major*, peuvent servir de fond doux aux plus forts mélanges colorés.

Les plantes à feuillage argenté ou bleuté exaltent également les tons pastel, qu'elles empêchent de s'affadir. Parmi elles les armoises plumeuses, *Stachys byzantina* pelucheux, *Festuca glauca* 'Elijah Blue' – une graminée bleue –, *Santolina chamaecyparissus*, duveteuse, *Convolvulus cneorum*, satiné, les hostas bleus, cirés, et de grands arbustes où scintille l'argent, tels *Elaeagnus angustifolia* groupe Caspica, *Pyrus salicifolia* 'Pendula', l'aster en arbre (*Olearia* x *macrodonta*), au feuillage plombé, ou *Rosa fedstchenkoana,* gris-vert. Les végétaux à feuillage pourpré ou acajou servent à tempérer les tons des fleurs. Dans une composition, ces feuillages peuvent aussi apporter de la fantaisie aux verts dominants, surtout si le massif n'est égayé que par peu de fleurs.

## JARDINS D'UNE SEULE COULEUR

Tous les tons ont des nuances infinies, sombres ou claires. Les couleurs se réchauffent quand on y mêle du rouge ou du jaune d'or, ou se refroidissent avec le bleu et le pourpre. Le mélange de fleurs et de feuilles des diverses nuances d'une même couleur peut donner un effet séduisant.

**Le blanc** Depuis la réalisation du fameux jardin blanc de Sissinghurst Castle, dans le Kent, d'autres ont proliféré. En été, quand on ne sait où donner de la tête dans tous ces jardins pleins de couleurs, les fleurs blanches, surtout dans un écrin vert, ont une simplicité rafraîchissante. Des formes blanches de tulipes, d'iris, de lis, de pivoines, de lychnis, de phlox, d'arums des fleuristes, de *Leucanthemella*, de scabieuses, de pavots et de véroniques, en masse, offrent un effet somptueux. Au jardin blanc, les feuillages argentés et vert clair, ou panachés de blanc et luisants, donnent un fond parfait. Le jeu des textures fournit des contrastes qui évitent la fadeur. Dans un tel jardin, les feuillages ont un rôle égal à celui des fleurs. Ils servent souvent de fond ; les haies sombres, d'ifs ou de houx, ou *Prunus* x *cistena* rouge foncé sont alors les bienvenus. Des arbustes à la forme arrondie un peu floue et au feuillage pourpre sont aussi précieux, par exemple *Sambucus nigra* 'Guincho Purple', ou *Fagus sylvatica* 'Purpurea Pendula'. Les arbustes persistants, tels *Viburnum tinus* et *Prunus lusitanica*, contrastent bien également.

Les feuillages argentés sont irremplaçables. *Convolvulus cneorum* et *Anaphalis margaritacea*, à feuillage argenté et à fleurs blanches, créent leur propre harmonie. Certains gris sont presque blancs. C'est le cas pour *Artemisia ludoviciana* 'Valerie Finnis', dont les jeunes rosettes sont quasiment blanc pur ; *A. stellariana* 'Nana' et *A. alba* 'Canescens', blanches elles aussi, sont parfaites pour la lisière des plates-bandes.

À l'arrière figureront des vivaces plus grandes, comme *A. ludoviciana* 'Silver Queen', argentée et plumeuse, et *A.* 'Powis Castle', arbuste gris de 60 cm de haut. Parmi les plus élevées, *Melianthus major*, gris bleuté, et *Macleaya cordata*, lisse, gris-vert, se distingueront. Toutes demandent du soleil et un sol bien drainé.

Ci-dessus
***Crambe cordifolia, Campanula latiloba alba* et *Viola cornuta* groupe Alba resplendissent.**
Ci-contre, en haut à gauche
**Tulipes, rosiers et deutzias blancs.**
Ci-contre, en haut à droite
**Tabacs et pétunias devant un hortensia.**
Ci-contre, en bas à gauche
**Tulipes tardives blanches devant un *Viburnum* x *burkwoodii* et bordées de myosotis blancs.**
Ci-contre, en bas à droite
***Rosa* 'Jacqueline du Pré' et *Onopordum acanthium* devant *Crambe cordifolia*.**

Ces argents se mêlent bien au brouillard du gypsophile, aux chandelles de *Veronicastrum virginicum*, aux marguerites, *Leucanthemum* x *superbum* 'Snowcap', ainsi qu'à *Phlox paniculata* 'White Admiral' et aux lis et agapanthes blancs, bien structurés. Complétez avec des fausses valérianes (*Centranthus ruber albus*) ou des nappes de juliennes (*Hesperis matronalis*). La taille façonnera de nombreuses plantes à feuillage, santolines et lavandes entre autres. D'autres iront leur chemin sans contrainte, comme les stachys laineux, les rosettes effilées des œillets (*Dianthus*) et la sauge vert-gris, veloutée (*Salvia officinalis*).

De nombreux arbustes panachés de blanc comme *Cornus alba* 'Elegantissima', *Euonymus fortunei* 'Silver Queen', persistant, *Weigela florida* 'Variegata' et *Rhamnus alaternus* 'Argenteovariegata' joueront les rôles de fond. Chez les phormiums, iris et yuccas, les feuilles effilées se panachent de blanc et s'ajoutent à l'effet des fleurs. À moins d'avoir une ambiance méditerranéenne sur graviers, rappelez-vous que le vert domine ; songez donc aux cosmos blancs à léger feuillage vert tendre.

Le jardin blanc n'est jamais vraiment terne, quelques touches de couleurs douces pouvant intervenir. Vous pourrez aussi admettre quelques associés très pâles, comme *Sisyrinchium striatum*, crème, les géraniums, campanules et delphiniums bleu cendré, l'abricot doux, l'œillet 'Doris' et *Gypsophila* 'Veil of Roses', rose tendre. À doses homéopathiques, ces tons réveillent un jardin blanc.

**Un jardin blanc** Une plate-bande à dominante blanche où se détachent formes et silhouettes est pleine de charme. Les feuillages verts et argentés servent de lien et de fond pour les fleurs. *Prunus laurocerasus* 'Otto Luyken', avec son vert sombre et luisant, fournit un bon appui pour les blancs, les gris lumineux et les verts frais. Les feuilles ondulées des hostas sont assouplies par celles de *Alchemilla mollis*, duveteuses, dentelées. On retrouve du gris dans le spectaculaire onopordon (*Onopordum acanthium*), et dans les plumeuses *Artemisia* 'Powis Castle', gris métallique, dont les fleurs naissantes sont valorisées par le feuillage.

Cette plate-bande ne cesse d'évoluer du printemps à l'automne. Les plantes de fond, tel le prunus, et les vivaces (astrances, hostas, armoises, alchémilles et campanules), ont été plantées tôt et leur floraison s'étale au fil du temps. Deux fois par an, on ajoute des bulbes et des annuelles et bisannuelles en complément.

La préparation du sol est importante pour ce terrain où les renouvellements constants de végétaux ont des exigences : des engrais, des amendements permettront alors une croissance vigoureuse. Les semis en pots, préparés à l'avance, sont essentiels pour les transplantations.

**Au printemps,** ci-dessus Les premières fleurs apparaissent avec les pensées hivernales et la monnaie-du-pape annuelle (*Lunaria annua* 'Alba Variegata'). Les pâquerettes pomponettes blanc pur, *Bellis perennis* 'Alba Plena', bisannuelles, sont semées et repiquées chaque année. Les tulipes 'Snowpeak' et à fleur de lis 'White Triumphator' donnent du cachet. Les myosotis blancs et bleus, plantés en masses, jouent les bouche-trous.

**Été**

**En été,** ci-contre Les tulipes ont été retirées ainsi que les myosotis. *Elymus hispidus*, *Campanula latiloba*, *C. persicifolia* et les hostas, à demeure, ont pris leur place. Les astrances montrent leurs touffes de fleurs blanc rosé, et la monnaie-du-pape, délicate, ses siliques vertes. Les apports estivaux comprennent les tabacs (*Nicotiana alata*), les pétunias et *Dianthus barbatus albus*, semés tôt et repiqués.

**En fin d'été,** ci-contre Un creux dans le massif a été rempli par une potée de *Artemisia ludoviciana* 'Silver Queen'.
Les fleurs spectaculaires de *Crinum* x *powellii* 'Album' percent une masse d'anthémis (*Argyranthemum*) : tous deux viennent de potées. Les pétunias bleus remplacent les myosotis et le *Nicotiana alata* remplit le vide à l'avant. Les dahlias sont en pleine floraison et l'onopordon produit ses graines plumeuses qui iront essaimer. Les jolies graines en parchemin blanc de la monnaie-du-pape tiendront jusqu'au cœur de l'hiver, si un amateur de bouquets ne les cueille pas.

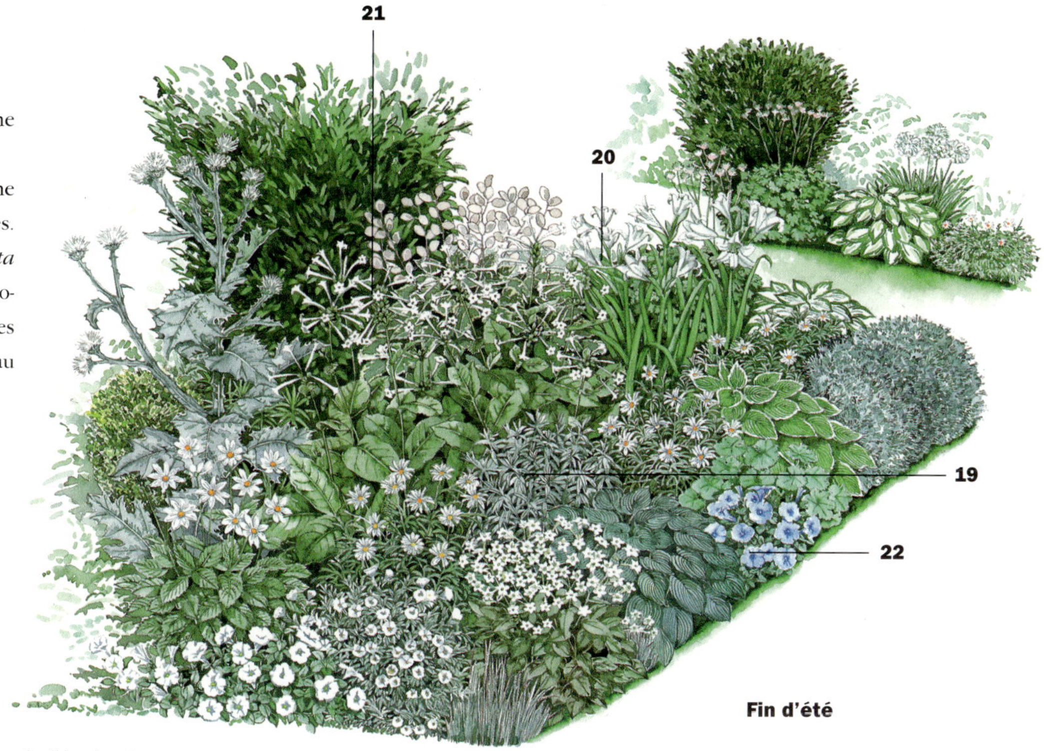

Légende (H = hauteur ;
É = étalement)

**1.** *Agapanthus* 'Bressingham White', H : 75 cm ; É : 45 cm
**2.** *Elymus hispidus*, H : 20 cm ; É : 15 cm
**3.** *Alchemilla mollis*, H et É : 50 cm
**4.** *Argyranthemum frutescens*, H et É : 90 cm
**5.** *Artemisia* 'Powis Castle', H : 90 cm ; É : 1,20 m
**6.** *Astrantia major involucrata*, H : 60 cm ; É : 45 cm
**7.** *Campanula latiloba*, H : 90 cm ; É : 45 cm
**8.** *Campanula persicifolia* 'Boule de Neige', H : 90 cm ; É : 30 cm
**9.** *Convolvulus cneorum*, H et É : 75 cm
**10.** *Dahlia* hybride Coltness, H et É : 45 cm
**11.** *Dianthus barbatus albus*, H : 45 cm ; É : 30 cm
**12.** *Lunaria annua* 'Alba Variegata', H : 75 cm ; É : 30 cm
**13.** *Hosta undulata albomarginata*, H : 75 cm ; É : 90 cm
**14.** *Hosta sieboldiana*, H : 90 cm ; É : 1,50 m
**15.** *Nicotiana alata*, H : 75 cm ; É : 30 cm
**16.** *Petunia* (blanc), H : 15-30 cm ; É : 30 cm
**17.** *Prunus laurocerasus* 'Otto Luyken', H : 90 cm ; É : 1,80 m
**18.** *Onopordum acanthium*, H : 1,80 m ; É : 90 cm
**19.** *Artemisia ludoviciana* 'Silver Queen', H : 90 cm ; É : 60 cm
**20.** *Crinum* x *powellii* 'Album', H : 90 cm ; É : 60 cm
**21** *Nicotiana sylvestris*, H : 1,50 m ; É : 75 cm
**22.** *Petunia* (bleu clair), H : 15-30 cm ; É : 30 cm

**Le jaune** Les citrons et le soleil ne sont que deux des images associées au « jaune » : cette couleur attirante donnera des effets variés au jardin. De loin, les jaunes dominent et semblent avancer : groupées dans une plate-bande, les plantes jaunes semblent plus grosses et plus proches qu'en réalité. Pour faire un massif jaune, rappelez-vous que celui-ci sera le point de mire du jardin et que les autres zones serviront de faire-valoir. Mais, si la couleur est dispersée, l'ensemble est avivé et l'équilibre rétabli.

On peut mêler les jaunes au hasard, mais le résultat est incertain, car ils peuvent tirer sur le vert ou le citron aussi bien que sur l'orange et l'or. Deux arbustes illustrent mon propos : *Philadelphus coronarius* 'Aureus', qui a des feuilles jaune beurre à reflets verts, alors que celles de *Spiraea japonica* 'Goldflame' se rapprochent plus de l'orange que du vert. Ces deux arbustes ne se marieront pas, car ils s'annulent : mieux vaut en faire la base de deux associations jaunes distinctes. Pensez donc au jaune plutôt comme à deux couleurs différentes quand vous faites votre choix. Ce n'est là qu'une indication ; vous pourrez employer les deux à la fois à condition d'y intercaler des feuillages gris bleuté ou vert sombre.

Les jaunes chaleureux figurent chez les hamamélis, en hiver, puis chez les jonquilles printanières. Les primevères acaules s'y marient mal, car elles sont ombrées de vert. Essayez les brillantes marguerites des doronics (*Doronicum*). En été, rudbeckias, aunées et nombre d'héliopsis rappelleront leur forme. Pour éviter l'effet « brouillon », ajoutez les fusées de tritomes tels que *Kniphofia caulescens*, des verges d'or (*Solidago*) et les lysimaques (*Lysimachia punctata*), qui trancheront. Étendez le thème jaune avec *Hemerocallis* 'Golden Chimes' et les soucoupes de *Achillea* 'Coronation Gold'. Les feuilles vertes tempéreront cet éblouissement. Le fenouil pourpre et les siliques rousses de *Macleaya* serviront de liaison, et quelques fleurs blanches et des feuillages panachés pourront être employés discrètement.

Le jaune citron, lui, produira un massif plus frais. Prenez par exemple *Anthemis tinctoria* 'E. C. Buxton' et *A. t.* 'Wargrave', ainsi que *Argyranthemum* 'Jamaica Primrose' avec le X *Solidaster luteus* 'Lenore', jaune clair, et le *Kniphofia* 'Percy's Pride', citron, pour le contraste des formes. Ajoutez-y le soufre de *Hemerocallis* 'Wichford' et de *Achillea* 'Moonshine' ou 'Anthea'.

Ces jaunes conviennent mieux à des associés très clairs que leurs frères plus soutenus, et les fleurs pastel ou crème seront bienvenues. *Scabiosa ochroleuca*, soufre, donne un relief léger à la masse des feuilles et *Thalictrum lucidum*, vanille, est également parfait. Pensez aussi au crème de *Sisyrinchium striatum* et de *Helichrysum* 'Sulphur Light', et ajoutez, à l'occasion, quelques feuillages gris ou argentés.

### Les jaunes de base

***Anthemis tinctoria*** **'E.C. Buxton'**
**Vivace persistante, atteignant 90 cm de haut et de large, au feuillage plumeux et aux fleurs citron clair. Elle apprécie les sols drainés et le plein soleil.**

***Coreopsis*** **'Goldfink'**
**Vivace naine rustique, trapue, aux marguerites jaunes en été. Elle atteint 30 cm de haut et de large.**

***Forsythia*** **'Beatrix Farrand'**
**Gracieux arbuste caduc, amateur de soleil, aux fleurs d'or au printemps ; hauteur et étalement : 2 m.**

***Hemerocallis*** **'Stella de Oro'**
**Cette vivace de 40 cm de haut porte longuement de petites fleurs jaune d'or ; elle s'étale sur 45 cm.**

***Ligularia*** **'The Rocket'**
**Vivace aux grands épis à tiges sombres, en plein été, et aux larges feuilles dentelées. Elle demande la mi-ombre et un sol riche, où elle atteint 1,50 m de haut et 60 cm de large.**

***Philadelphus coronarius*** **'Aureus'**
**Arbuste caduc, rustique, à feuillage jaune vif virant au chartreuse. Il porte des fleurs parfumées en juin et demande une lumière tamisée. Il atteint 2,50 m de haut et 1,50 m de large.**

***Rudbeckia fulgida sullivanti*** **'Goldsturm'**
**Cette vivace amateur de soleil porte des fleurs jaune d'or à cœur noir en été et en automne. Elle atteint 75 cm de haut et de large.**

En haut à gauche
**Cette jolie scène jaune rassemble des fleurs de formes diverses, dont des lysimaques, des anthémis et des argyranthémums, et des lupins élancés.**
En bas à gauche
**Pris en fin d'été, ce spectacle est composé de *Telekia*, d'hélénies à cœur sombre et des fleurs plumeuses des *solidagos*.**
En haut à droite
**Cette plantation monochrome, très réussie, est dédiée à une gamme de primevères : *Primula beesiana*, *P. bulleyana* et *P.* x *bullesiana*, en divers tons de jaune.**
Au milieu à droite
**Cette fraîche vue de fin de printemps rassemble un massif de fougères et des hémérocalles.**
En bas à droite
**Des *Alstroemeria* d'un vif orange entourent, avec des lis, un vieil abreuvoir de pierre ; leur couleur semble irradier alentour.**

**Le rouge** En principe, le rouge est une couleur chaude, forte ; mais ce n'est pas toujours le cas. Le rouge peut aussi tendre vers les tons froids. Ainsi, les rouges écarlates, éclairés de jaune, sont les plus violents, pour les plates-bandes flamboyantes. Mais il en existe aussi de pourprés ou cramoisis, plus frais. Bien maîtriser ces subtilités permettra une composition mieux construite, moins désordonnée.

Un massif de rouges chauds éclate de vitalité et contient des roux comme des vermillons. Les tons cuivrés de *Helenium* 'Coppelia', voire le presque orange de *H. hoopesii* 'Wyndley', à côté de l'écarlate franc de *Crocosmia* 'Lucifer', de la monarde 'Cambridge Scarlet' et de *Lychnis* x *arkwrightii*, seront électrisés par la présence proche d'une touffe de *Kniphofia* 'Shinning Sceptre', orange sombre. Donnez-leur comme fond des luisants *Corylus maxima* 'Purpurea', aux tons bruns, ou opposez-les aux feuilles pourpres de *Cercis canadensis* 'Forest Pansy', étalés, tous deux très foncés. La scène peut accueillir la majestueuse forme linéaire de *Phormium* 'Maori Sunrise', abricot, ou de *P. tenax* groupe Purpureum, bronze.

Le mélange avec des feuillages rouge sombre, bruns et vert foncé accentue encore la couleur de base. Par exemple, *Lobelia cardinalis* a des feuilles vert soutenu et *L.* 'Queen Victoria' un feuillage rouge foncé. *Heuchera* 'Palace Purple', acajou, et le cuivre doux de *Libertia peregrinans* garniront leur pied. On trouve également des hybrides de *Hemerocallis* et *Iris germanica* pour répondre aux tons de leurs compagnes. J'ajouterais un delphinium violet foncé dans cette fournaise, pour une réplique piquante.

Soyez prudents avec les cramoisis plus froids. Un fond de *Berberis thunbergii atropurpurea* et de *Cotinus coggygria* 'Royal Purple', par exemple, est d'un beau rouge, mais, quand le soleil les frappe, leurs feuilles se plombent et virent au bleuté. C'est parfait s'il y a quelques fleurs carmin ou rose foncé à proximité, mais un excès de ce ton refroidit le spectateur. Allégez l'ensemble avec *Rosa glauca* à feuilles gris pourpré et des artichauts (*Cynara cardunculus* groupe Scolymus) aux gigantesques feuilles découpées, argent, et aux fleurs mauves. Des vivaces comme *Phlox paniculata* 'Vintage Wine', *Lythrum salicaria* 'Firecandle' et *Echinacea purpurea* 'Magnus' restent dans la gamme rouge-rose froid, et *Geranium macrorrhizum* 'Bevan's Variety' ainsi que des formes de *Centranthus ruber* leur emboîtent le pas. *Knautia macedonica* ajoute un zeste de rubis et la sauge pourpre, *Euphorbia dulcis* 'Chameleon' et *Heuchera alba* 'Bridget Bloom' se mêlent à leurs pieds.

Les fleurs lie-de-vin demandent des feuillages gris et argent comme les armoises ou *Pittosporum tenuifolium* 'Irene Patterson', à l'arrière-plan. Un peu de pourpre foncé et du bleu pâle éviteront la monotonie et animeront l'ensemble. Les bordures cramoisies accueilleront utilement des tulipes rouges et des plantes à massifs comme les dahlias, fuchsias, verveines et tabacs d'un rouge capiteux.

### LES ROUGES DE BASE

***Cornus florida* 'Cherokee Chief'**
**Cornouiller à bractées rubis qui offre une couleur exceptionnelle en automne. Il pousse bien en sol neutre ou acide, au soleil ou à mi-ombre, et atteint 2,50 m de haut et de large.**

***Cotinus coggygria* 'Royal Purple'**
**(arbre à perruques)**
**Haut et large de 3 m, cet arbuste étalé, caduc, porte un feuillage rouge pourpre et des fleurs cotonneuses. Il demande un coin ensoleillé et drainé.**

***Crocosmia* 'Lucifer'**
**Bulbeuse rustique, vivace, à grandes feuilles linéaires. En été, ses épis floraux, couleur feu, montent à 90 cm de haut pour 20-25 cm de large.**

***Euonymus europaeus* 'Red Cascade'**
**Arbuste caduc virant au rouge vif en automne. Les fleurs verdâtres apparaissent au printemps. Il atteint 3 m de haut et 2 m de large.**

***Helenium autumnale***
**Les fleurs composées, acajou et cramoisi, de cette vivace, naissent en plein été. Cet amateur de soleil atteint 1,20 m de haut et 50 cm de large.**

***Imperata cylindrica* 'Red Baron'**
**Graminée traçante atteignant 30 cm de haut et de large. Elle préfère la mi-ombre ou le soleil et un sol bien drainé.**

***Lychnis chalcedonica***
**(croix-de-Jérusalem)**
**Vivace à fleurs écarlates, amateur de soleil et de sols drainés. Elle atteint 90-120 cm de haut pour 30 cm de large.**

En haut
À gauche **Clématites 'Niobe', lie-de-vin, mêlées à des roses 'Zéphirine Drouhin'.** Au milieu ***Penstemon* 'Garnet' avec *Allium hollandicum* et *A. cernuum*.**
À droite ***Sedum dendroideum* auprès d'un agave panaché.**
Au centre
À gauche **Dahlias écarlates et cramoisis, pétunias, verveines, sédums et penstémons.** Au milieu **Dahlias rouge sang, en plein été.** À droite ***Rosa* 'Camaïeux', lilacée, *Centranthus ruber* et *Stachys macrantha*.**
En bas
À gauche **Azalées et *Rhododendron* 'Elizabeth'.**
Au milieu ***Dahlia* 'Ellen Houston' et capucines.**
À droite ***Dahlia* 'Bishop of Llandaff' et berbéris rouges, penstémons, œillets et tritomes.**

**Le bleu** Le bleu est-il triste ? Il est tranquille, calme et se révèle indispensable à l'expérience du jardinier. Il nous touche en évoquant la sérénité. Le bleu ne se précipite pas vers vous et n'aurait guère de succès comme lumière de fête. Les zones bleues semblent reculer et augmentent l'espace et le mystère d'un lieu. Ces particularités font que la subtilité de ce ton devient vertu.

Pour marier les bleus, tenez compte de la couleur de fond et de l'éclairage dominant, car ces couleurs varient considérablement selon la lumière. Sous des climats humides, les bleus sont indissociables du vert. Leur naturelle proximité dans le spectre les fait se renforcer l'un l'autre. Bien que les compositions en bleu et jaune soient à la mode, le contraste de ces tons donne un résultat plaisant, mais pas très décoratif. Vous obtiendrez un effet plus riche avec *Anchusa azurea* 'Loddon Royalist', bleu gentiane sur fond de feuillage gris en été, mêlée à d'autres bleus intenses comme *Delphinium belladonna* 'Lamartine', *Salvia* x *sylvestris* 'May Night' et *Campanula glomerata* 'Superba', améthyste. À mi-ombre, le même effet sera donné par *Aconitum carmichaeli* 'Arendsii', bleu soutenu. Les fleurs bleues se fondent si bien dans les feuillages sombres que, sur une photo en noir et blanc, ils se confondent. Avec un feuillage gris, les bleus seront relevés.

Les bleus moyens ou cendrés réveillent une plantation. *Campanula lactiflora* 'Prichard's Variety' porte des fleurs lavande clair dès juin. Les épineux *Echinops bannaticus* 'Taplow Blue', *Eryngium* x *oliverianum* à bractées bleu acier et *E. bourgatii* à tiges bleues et bonnets azur donneront un contrepoint charpenté, avec le complément de quelques ancolies alentour. Des iris comme 'Black Swan', foncé, ou 'Jane Phillips', clair, badinent ensemble puis laissent après eux un feuillage linéaire bleuté ; ils donnent du relief tout en s'accordant bien avec le thème bleu.

Dans un sol raisonnablement frais, adoptez *Iris sibirica* aux fleurs élégantes et aux luxuriantes feuilles rubanées. La plupart des sols conviennent au précoce *Geranium* x *magnificum*, à *G. pratense* 'Mrs Kendall Clark' et au fidèle *G.* 'Johnson's Blue' qui se pelotonne à 30 cm du sol. Plus tard, les bleus clairs viennent des pérovskias, des caryoptéris et des élégantes agapanthes ; et le bleu soutenu de *Ceratostigma willmottianum*, rustique, aux feuilles rouge vif en automne.

Ci-dessus
**_Agave parryi huachucensis_ est bleu intense.**
Ci-contre, en haut à gauche
**Lilas, mauves et pourpres de _Galega orientalis_, _Campanula persicifolia_, _Delphinium_ 'Faust', _Geranium_ 'Brookside' et _Viola cornuta_.**
En haut à droite
**Le feuillage bleuté des ancolies répond à celui des euphorbes.**
En bas à gauche
**Ancolies en masse et _Nepeta_ 'Six Hills Giant'.**
En bas à droite
**_Buddleja davidii_ 'Nanho Blue' dominant _Echinops ritro_ 'Veitch's Blue'.**

D'autres couleurs valorisent le bleu, pourvu qu'elles ne soient pas criardes. Le mousseux *Thalictrum aquilegifolium album*, crème, et *Achillea* 'Moonshine', encore plus pâle, se marient au bleu comme aucun jaune ne sait le faire. Quelques blancs bleutés éclaireront également le tout : celui de *Veronica gentianoides* et de *Phlox paniculata* 'Blue Ice', chez qui le bleu est à peine visible. Le petit *Geranium renardii*, blanc porcelaine, aux feuilles foncées veloutées, et le lumineux *G. sylvaticum* 'Album', à feuilles vert clair, en sont très proches.

J'aime compléter cette série par des gris. *Phormium tenax*, à reflets acier, *Macleaya cordata*, gris-vert, *Artemisia absinthium* 'Lambrook Silver', argent, et le laineux *Stachys byzantina* allègent l'ensemble. Ces feuillages semblent vibrer quand leurs fins duvets captent la lumière. Certains gris ont également des reflets bleus.

Nombre d'hostas sont revêtus d'une pruine qui modifie leur couleur. *Hosta sieboldiana* porte des feuilles étalées bleues, avec un bleu plus soutenu sur le compact *Hosta* 'Halcyon' ; pourvu qu'ils aient un peu de fraîcheur, ils entreront dans la ronde. Sinon, rien n'est plus bleu que *Ruta graveolens.* À défaut, en climat chaud, recourez aux coloris bleutés et aux feuilles pâles, charnues, de *Sedum* 'Herbstfreude'.

**Une plate-bande bleu-violet** Si belle que soit cette plate-bande, il faut bien tenir compte des besoins culturaux des plantes retenues : toutes apprécient l'exposition plein sud du lieu ainsi que le sol sec, caillouteux, un peu acide. Ce jardin, bien que situé en Angleterre, accueille nombre de végétaux méditerranéens.

Par ailleurs, le massif est en pente et la terre doit être retenue par des rondins. L'inclinaison concentre la chaleur et garantit le drainage, essentiel pour la gamme végétale sélectionnée. Pour plus de sûreté, les propriétaires ont enfoui dans le sol, avant plantation, une bonne quantité de gravier, pour augmenter le drainage : par conséquent, les racines des

**Au printemps**

Légende (H = hauteur ; É = étalement)

**Plantes printanières**

**1.** *Tulipa* 'Bleu Aimable', H : 55 cm
**2.** *Tulipa marjoletti*, H : 50 cm
**3.** *Crocus etruscus* 'Zwanenberg', H : 10 cm ; É : 5-10 cm
**4.** *Tulipa* 'Ballade', H : 50 cm
**5.** *Muscari armeniacum*, H : 15-20 cm ; É : 10 cm
**6.** *Brunnera macrophylla*, H : 45 cm ; É : 60 cm
**7.** *Brunnera macrophylla* 'Hadspen Cream', H : 45 cm ; É : 60 cm
**8.** *Omphalodes verna*, H et É : 20 cm
**9.** *Symphytum ibericum*, H : 25 cm ; É : 60 cm
**10.** *Symphytum* 'Hidcote Blue', H : 50 cm ; É : 60 cm
**11.** *Narcissus* 'Jenny', H : 30 cm
**12.** *Bergenia* 'Silberlicht', H : 30 cm ; É : 50 cm
**13.** *Viola cornuta*, H : 25 cm ; É : 30 cm
**14.** *Euphorbia myrsinites*, H : 10-15 cm ; É : 20 cm

**Plan (au printemps)**

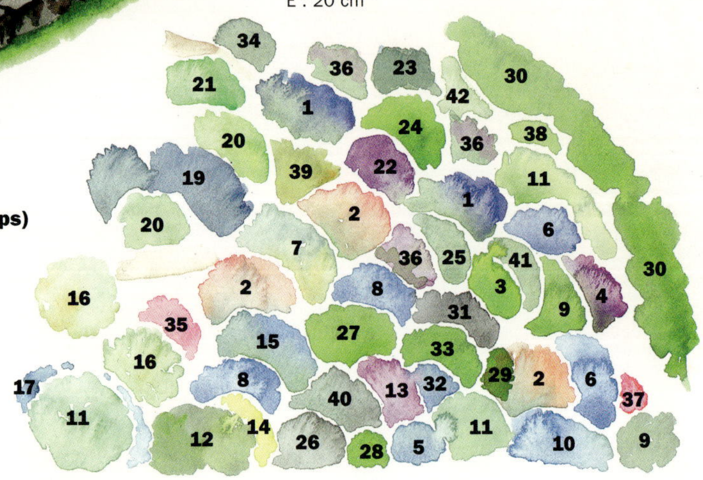

**Au printemps,** ci-dessus L'essentiel de la couleur printanière vient des bulbes plantés en automne. *Muscari armeniacum* lance des épis bleu intense parmi les consoudes bleu clair (*Symphytum* 'Hidcote Blue') et donne le ton à l'ensemble. *Iris* 'Blue Denim', la tulipe 'Ballade', lie-de-vin, et *Crocus etruscus* 'Zwanenberg', bleu-violet, jouent également leur partie.

plantes ne trempent jamais lamentablement dans l'eau, même en saison très humide.

Cette réalisation est fondée sur une palette colorée réduite de bleus soutenus et de violets. Le feuillage vert foncé des rhododendrons, au fond, intensifie le bleu, même si quelques plantes bien choisies

**Plantes estivales**

**15.** *Iris* 'Blue Denim', H : 25 cm ; É : continu

**16.** *Iris pallida* 'Aurea Variegata', H : 70-100 cm ; É : continu

**17.** *Nepeta* 'Six Hills Giant', H et É : 60 cm

**18.** *Helianthemum* 'Wisley Pink', H et É : 30 cm

**19.** *Iris germanica*, H : 60-120 cm ; É : continu

**20.** *Helianthemum* 'White Queen', H et É : 30 cm

**21.** *Salvia officinalis* 'Aurea', H : 60 cm ; É : 90 cm

**22.** *Salvia officinalis* groupe Purpurascens, H : 60 cm ; É : 90 cm

**23.** *Ruta graveolens* 'Jackman's Blue', H et É : 60-90 cm

**24.** *Rosa* 'Nevada', H et É : 2,50 m

**25.** *Artemisia schmidtiana* 'Nana', H : 15-30 cm ; É : 60 cm

**26.** *Thymus vulgaris* 'Silver Posie', H et É : 30 cm

**27.** *Cistus* x *hybridus*, H et É : 90 cm

**28.** *Meconopsis cambrica*, H : 30-45 cm ; É : 30 cm

**29.** *Anisodontea capensis*, H : 90 cm ; É : 60 cm

**30.** *Rhododendron ponticum*, H et É : 2,50 m

**31.** *Heliotropium arborescens*, H et É : 60 cm

**32.** *Festuca glauca*, H et É : 10 cm

**33.** *Salvia microphylla microphylla*, H et É : 1,20 m

**34.** *Santolina rosmarinifolia*, H : 60 cm ; É : 90 cm

**35.** *Achillea millefolium* 'Cerise Queen', H : 60 cm ; É : 20 cm

**36.** *Lavandula angustifolia* 'Munstead', H et É : 75 cm

**37.** *Erysimum* 'Janet's Brick Red', H et É : 30 cm

**38.** *Persicaria bistorta* 'Superba', H : 60-75 cm ; É : 60 cm

**39.** *Libertia formosa*, H : 70 cm ; É : 20 cm

**40.** *Helianthemum* 'Wisley Primrose', H : 25 cm ; É : 30 cm

**41.** *Thymus* 'Porlock', H : 10 cm ; É : 20 cm

**42.** *Chamaecytisus albus*, H : 30 cm ; É : 90 cm

**43.** *Foeniculum vulgare* 'Purpureum', H : 1,80 m ; É : 60 cm

**44.** *Digitalis purpurea*, H : 90-120 cm ; É : 60 cm

**45.** *Verbascum phoeniceum* (rose), H : 75 cm ; É : 60 cm

**46.** *Verbascum phoeniceum* (blanc), H : 75 cm ; É : 60 cm

**47.** *Allium cristophii*, H : 15-40 cm ; É : 15-20 cm

**48.** *Nectaroscordum siculum*, H : 1,20 m ; É : 30-40 cm

**49.** *Perovskia* 'Blue Spire', H : 90-120 cm ; É : 90 cm

**Plan (en été)**

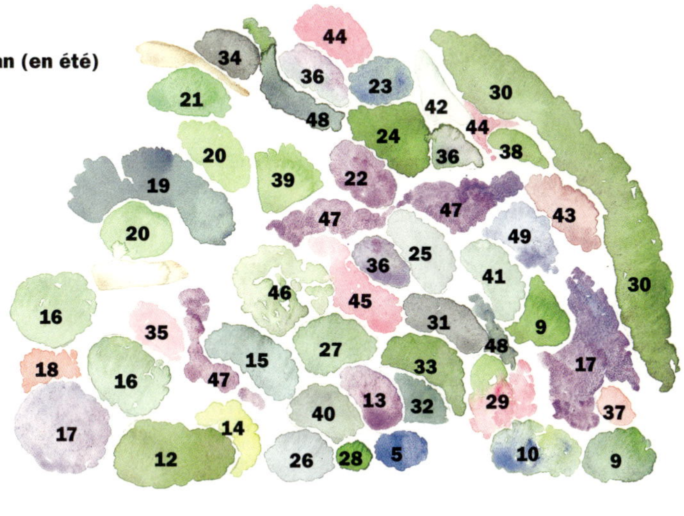

**En été,** ci-dessus Outre une majorité de bleus apportés par *Lavandula angustifolia* 'Munstead' et *Nepeta* 'Six Hills Giant', le fond bleu-violet est renforcé par des pourpres, des lilas et des magentas, très proches dans le spectre. Ils sont fournis par les ails, les digitales rose pourpré, *Erysimum* soutenu, la sauge pourpre (*Salvia officinalis* groupe Purpurascens), la petite *Achillea millefolium* 'Cerise Queen' ; et aussi le frileux *Heliotropium* arborescent, persistant, qui va porter ses fleurs de juin à l'hiver. Les tons lie-de-vin, cramoisis et rose bleuté s'y ajoutent avec *Helianthemum* 'Whisley Pink' et *Anisodontea capensis*, magenta. L'ensemble est éclairé par les fleurs roses ou blanches de *Verbascum phoeniceum*, les légères ombelles beige de *Nectaroscordum siculum* et le blanc éclatant des corolles de *Cistus* x *hybridus* (*C.* x *corbariensis*).

fournissent des contrastes de couleur. L'apport des fleurs crème et blanches d'hélianthèmes et de molènes crée d'autres centres d'intérêt au fil des saisons.

Pour l'essentiel, les feuillages sont gris ou argent. Y figurent les armoises, thyms et lavandes, qui allègent l'ensemble tout en complétant le thème coloré. De plus, ces plantes renforcent l'esprit méditerranéen. *Artemisia schmidtiana* est une vivace semi-persistante à feuilles très divisées, argentées, et *Lavandula angustifolia* 'Munstead', aux étroites feuilles aromatiques, donne des petites fleurs bleues parfumées. Tôt comme tard dans la saison, les bulbes sont irremplaçables pour apporter de la couleur, pouvant être infiltrés parmi les vivaces et allonger ainsi les floraisons.

**Fin d'été**

Légende (H = hauteur ; É = étalement)

**Plantes d'automne**

**50.** *Nerine bowdenii* 'Alba', H : 50-60 cm ; É : 10-15 cm

**51.** *Schizostylis coccinea* 'Mrs Hegarty', H : 60 cm ; É : 30 cm

**52.** *Schizostylis coccinea* 'Snow Maiden', H : 60 cm ; É : 30 cm

**53.** *Colchicum cilicicum* 'Purpureum', H et É : 15-20 cm

**54.** *Crocus speciosus*, H : 10 cm ; É : 5 cm

**55.** *Sternbergia lutea*, H : 10-15 cm ; É : 5-10 cm

**56.** *Lycoris albiflora*, H : 30 cm ; É : 10-15 cm

**57.** *Agapanthus* Headbourne Hybrides, H : 50 cm ; É : 50 cm

**Plan (fin d'été)**

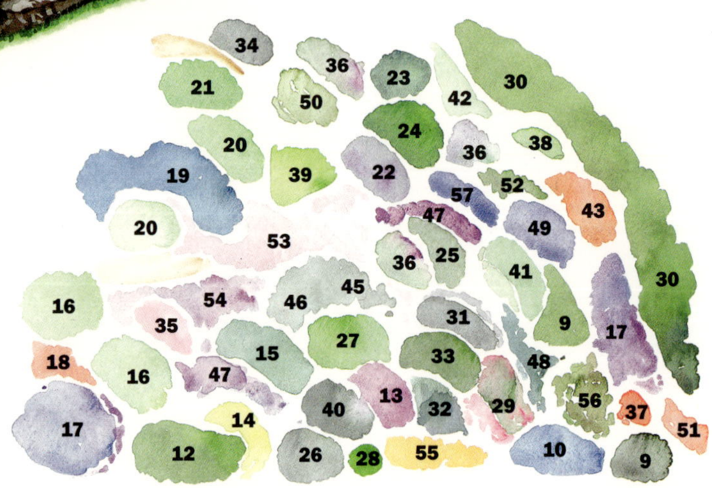

**Fin d'été,** ci-dessus Les couleurs, en fin d'été et début d'automne, sont toujours vives. Le népéta répond au pérovskia (*Perovskia* 'Blue Spire'), nuageux, dont le feuillage argenté s'harmonise à ses fleurs bleues. Les bulbes d'automne comme *Nerine bowdenii*, blanc rosé, *Schizostylis coccinea*, rose pâle et blancs, *Crocus speciosus*, bleu, et *Colchicum cilicicum* 'Purpureum', rose-mauve, prolongent le thème jusqu'en automne.

Au printemps, les tulipes, les muscaris et les narcisses fournissent la couleur, alors que les colchiques, les crocus, les sternbergias et les nérines la maintiennent jusqu'au cœur de l'automne.

En fin d'été apparaît également *Lycoris albiflora*. Peu courant, ce bulbe donne des fleurs ivoire avant les feuilles, qui naissent ensuite et durent jusqu'au printemps. C'est aussi le bon moment pour *Agapanthus* Headbourne Hybrides. En automne apparaissent *Crocus speciosus*, bleu, à feuilles filiformes, et *Colchicum cilicicum* 'Purpureum', rose-mauve ; *Nerine bowdenii* 'Alba', aux fleurs blanches à reflets roses, donne avec eux un excellent contraste.

Ci-contre

**On voit ici la composition à la fin du printemps, quand la floraison est dans toute sa splendeur. Le joli bleu lavande de *Iris pallida* et celui des népétas (*Nepeta* 'Six Hills Giant') sont soulignés par les têtes rondes, pourprées, de *Allium cristophii*, ainsi que par *Verbascum phoeniceum*, rose ou blanc ; ces vivaces estivales apportent une note vive à la platebande. Les grands goupillons rose clair de *Persicaria bistorta* 'Superba', au fond, sont mis en relief par le feuillage transparent du fenouil pourpre (*Foeniculum vulgare* 'Purpureum').**

## LES MÉLANGES CLASSIQUES

L'usage a établi que certaines couleurs s'assemblent bien, ce qui a donné naissance à des mélanges classiques. C'est ainsi que les feuillages argentés côtoient souvent les tons roses, bleu pâle, crème et bordeaux, et que les mélanges « chauds », n'employant que des variantes de rouge, d'orange et de jaune, s'harmonisent mieux avec un feuillage vert.

**Une plate-bande chaude** La richesse d'une plate-bande dans les tons chauds tient au choix des tons les plus saturés, proches dans le spectre. Pas de place pour les pastels et très peu pour le gris argenté. Les rapports, puissants, sont encore accentués si des feuillages teintés de prune, de pourpre ou de brun – plutôt que des verts bleutés – font partie de la composition. Le jaune, l'orangé et le rouge tiennent la vedette, séparément ou mélangés. Choisissez des jaunes dorés, comme *Ligularia przewalskii* ou la splendide *Inula magnifica*, de 2 m de haut, dont les fleurs ressemblent à de flamboyantes plumes d'autruche : une telle plante prend immédiatement la vedette. *Heliopsis helianthoides scabra*, haut de 1,20 m et doté de fleurs rondes et trapues, plus ocrées, relève le défi. Tous deux seront plantés en grosses touffes ; vous pourrez y adjoindre quelques pieds de *Crocosmia* 'Lucifer', de 90 cm de haut, qui émet une masse serrée de feuilles linéaires, insensibles à la pluie et au vent. D'autres plantes se montrent plus éclatantes encore, comme *Monarda* 'Cambridge Scarlet', *Lychnis chalcedonica* et *Kniphofia rooperi*, ainsi que *Hemerocallis* 'Stafford' aux fleurs de lis et aux feuilles étroites, les lupins rouge foncé à la ligne élancée, et *Heuchera* 'Red Spangles' aux masses de minuscules fleurs écarlates. *Oenothera fruticosa* 'Fireworks' y sera mêlée parcimonieusement car, malgré son nom – « feu d'artifice » –, ses fleurs ont un effet

Ci-dessus à gauche

**_Monarda_ 'Cambridge Scarlet', rouge franc, et _Helenium_ 'The Bishop', jaune, font grand effet mêlés à _Ligularia_ 'The Rocket' et à _Calceolaria_ 'Kentish Hero'. La laîche brune relève l'ensemble.**

Ci-dessus au milieu

**Une flamboyante plate-bande où le dahlia rouge 'Bishop of Llandaff', mêlé à _Atriplex hortensis rubra_, acajou, et à _Penstemon_ 'Garnet', surplombe des rudbeckias jaunes.**

Ci-dessus à droite

**Ces tulipes forment une superbe masse colorée dominant une mer de _Erysimum_ à fleurs jaune d'or, cernés par une lisière de myosotis bleu foncé.**

rafraîchissant, même si la plante a des traces de rouge. En général, les mélanges de rouge et de jaune sont éclatants, mais particulièrement réussis quand le rouge domine et que les jaunes chaleureux se font plus discrets. Au besoin, un « désherbage » raisonné peut rétablir l'équilibre.

Parmi les rouges et les jaunes, un peu d'orange attisera le feu. Les fleurs à cœur pointu du populaire *Rudbeckia hirta* sont ocrées, alors que *Hemerocallis* 'Burning Daylight' est d'un cuivre brûlé soutenu. Ajoutez un soupçon de *Alstroemeria psittacina* rouge foncé et quelques taches de *Achillea* 'The Beacon' pour donner de la profondeur à l'ensemble, ou encore des *Iris germanica* vieil or, orange brûlé et acajou ; après la floraison, ils laissent un feuillage gris-vert. Plus tard, *Helenium* 'Moerheim Beauty' et le *Dahlia* 'Bishop of Llandaff' prendront la relève dans les vermillons.

Des couleurs plus capiteuses encore sont permises pour accentuer le contraste et approfondir l'intensité de l'ensemble. Je suggère de faire un tour du côté de *Aconitum* 'Spark's Variety', bleu pourpré soutenu, et de *Eryngium* x *oliverianum*, bleu métallique, hérissé. Le tout ne sera pas trop violent si vous ajoutez des masses de vert et de brun. Toutes les plantes citées ont un feuillage vert qui fournit la couleur complémentaire, mais *Sambucus nigra* 'Guincho Purple', à feuilles rouge sombre, placé au fond et dominant la scène, posera le tout. Songez aussi à *Rosa moyesii* 'Geranium', en touffes, au feuillage pleureur vert frais et aux baies allongées, et à l'hybride moderne *Rosa* 'Scarlet Fire', aux fruits rouge brique également. Dans cette plantation, les feuillages devront se remarquer : vous pourrez donc inclure un gros *Berberis thunbergii atropurpurea*, acajou, quelques *Viburnum sargentii* 'Onondaga', à feuilles mordorées, des *Phormium tenax*, gris, et l'impalpable fenouil bronze.

Ci-dessus à gauche

**Les feuilles rouge sombre de *Plantago* se marient à merveille aux capucines rouge vif. La plantation comprend aussi des dahlias et des astrances.**

Ci-dessus au milieu

**Des dahlias rouge vif, des tabacs ponceau et des roses cramoisies entourent les hauts épis, si majestueux, de *Kniphofia* 'Goldelse', jaune, qui éclaire l'effet d'ensemble de cette étude en rouge.**

Ci-dessus à droite

**Les tons écarlates, orange et ocre de *Helenium* 'Butterprat', de *Dahlia* 'Tally-ho' et de *Achillea* 'Coronation Gold' ont été habilement mêlés aux brûlantes fleurs orange du crocosmia en une flamboyante bordure.**

**Une plate-bande dans des tons froids** Les tons bleu pâle, roses, lavande, mauves, soufre et crème peuvent occuper une large surface où se mêlent arbustes et vivaces, ou encore un coin ombreux. Ces couleurs conviendront aussi sur un tapis de gravier, en plein soleil, pour donner une masse de formes et de silhouettes au ras du sol.

Les persistants, tels *Escallonia*, *Carpenteria californica*, à feuilles sombres et fleurs blanches, et *Garrya elliptica*, donnent un fond sombre, affirmé, à ces coloris. En région abritée, *Pyrus salicifolia* 'Pendula', argenté, et des variétés de *Pittosporum tenuifolium* offrent des tons ou des panachures clairs. Parmi les caducs, prenez *Rhodotypos scandens*, à fleurs blanches et feuilles côtelées, et *Stachyurus praecox*, fortement étalé, qui fleurit l'hiver. Les buissons ronds comme *Potentilla fruticosa* 'Primrose Beauty' méritent un coup d'œil. La couleur des feuillages viendra des armoises, des santolines, des stachys et des pieds de lavande argentés. Les fleurs seront les versions les plus pâles de chaque genre, telle *Achillea* 'Anthea', crème, les épis jaune tendre de *Verbascum chaixii* 'Gainsborough' et le x *Solidaster luteus* 'Lemore', jaune primevère. Les campanules, scabieuses et agapanthes ont tous des formes bleu pâle et *Anchusa azurea* 'Opal' elle-même est d'un azur inattendu. La gamme des roses est vaste avec les mauves (*Malva*), les sidalcées et les œillets, de même que les variantes de géraniums, d'astilbes, de monardes et d'érémurus. Nombre de plantes bleutées, comme les pigamons (*Thalictrum*), les lavandes, les cardamines et les pensées, tendent vers le lilas. La grande *Verbena bonariensis*, pourpre clair, s'insinuera parmi des vivaces plus élevées et *Acanthus spinosus*, ombré de violet, donnera de l'équilibre au groupe par sa stature. Pensez également à la palette froide des delphiniums, des lupins, des hémérocalles, des géraniums et des iris hybrides.

À l'ombre, surtout en terre fraîche, les bleus lumineux et les blancs sont parfaits, se détachant si fort dans la pénombre que les couleurs semblent luire. *Clethra arborea*, par exemple, haut de 5 m, à fleurs blanches, ou *Kalmia latifolia* rose, plus modeste (3 m), amateurs d'acidité, apprécient tous deux la lumière tamisée. Les rhododendrons rose frais, lavande et blancs demandent également des sols acides. Avec un peu plus de lumière, une pivoine arborescente, *Paeonia suffruticosa* 'Rock's Variety', réussira aussi fort bien. Ces arbustes se mêleront aux digitales, aux *Anemone* x *hybrida* roses et blanches, aux *Smilacina racemosa*, crème, ainsi qu'aux fougères et astilbes claires, dont les tons semblent plus forts à l'ombre. Vérifiez toujours si vos amateurs de faible lumière demandent de la terre de bruyère et n'oubliez pas d'ajouter des bulbes tels que perce-neige, nivéoles, *Lilium martagon* et *Camassia leitchtlinii*.

Dans les zones ensoleillées, vous pourrez opter pour le genre « ras-du-sol », dégagé, avec des plantes de rocaille plus petites, rustiques, des arbustes nains comme *Cistus* 'Silver Pink' à feuilles grises et fleurs rose clair et

En haut
**Nepetas lavande, delphiniums bleu cendré, *Rosa* 'Veilchenblau', mauve, et *Rosa* 'Madame Knorr', rose.**
Au milieu
**Des rosiers pastel suivent les arceaux romantiques, dont la lavande garnira bientôt le pied.**
En bas
***Philadelphus* 'Boule d'Argent' et *Rosa* 'Pink Bells' donnent de l'étoffe aux campanules et aux lychnis.**

X *Halimiocistus sahucii* aux fleurs blanc pur dans un écrin de feuilles sombres. Le petit *Ceanothus thyrsiflorus repens*, persistant, à fleurs bleues et à feuilles luisantes, les lavandes, les santolines et *Convolvulus cneorum* conviennent aussi. Vous aurez ainsi le loisir d'opter pour des daphnés blancs ou rose pâle ou pour *Parahebe cataractae*, bleu.

Les hélianthèmes, tel *Helianthemum* 'Wisley Pink', rose pâle, fournissent également des coussins fleuris avec de nombreuses formes d'œillets, les géraniums alpins, les véroniques basses et les campanules traçantes. Les tons les plus discrets seront relevés par des plantes un peu plus grandes et plus soutenues telles que *Linum perenne*, azur, les ancolies blanches ou roses, voire par des graminées comme *Pennisetum orientale*, à fleurs beiges, ou la forme basse de *Stipa tenuissima*, échevelée.

Les rosiers offrent bien sûr une large palette de tons doux, frais. Ils préfèrent un site dégagé, ensoleillé en sol irrigué, mais drainé. Qu'ils soient buissonnants ou grimpants, ils vous donneront un superbe massif frais, surtout si vous les garnissez de plantes basses dans les mêmes tons froids, telles que des lavandes, des rues à feuilles bleues (*Ruta graveolens*) et de soyeuses sauges grises ou pourprées (*Salvia officinalis* groupe Purpurascens).

En haut

**Les fleurs de *Rosa* 'Bonica' et de *Penstemon* 'Hidcote Pink' sont presque du même rose. Elles sont relevées par *Clematis* 'Etoile Violette', sombre, et le feuillage pourpre argenté de *Rosa glauca*.**

En bas

**Des delphiniums blancs, *Argyranthemum* 'Jamaica Primrose', *Scabiosa columbaria ochroleuca* et des lupins citron constituent ici une plate-bande douce.**

Ci-contre

**Les pourpres se mêlent joliment, comme on voit ici avec ces *Salvia* x *superba*, devant des *Lavatera bicolor* 'Burgundy Wine', *Dahlia* 'Rutland Water' et quelques taches de *Knautia macedonica*.**

Ci-dessous

**Divers rosiers sarmenteux pour habiller cette pergola : *Rosa* 'Bleu Magenta', lie-de-vin, *R.* 'Bantry Bay', rose frais, et *R.* 'Wedding Day', blanc et ravissant. Leurs pieds sont garnis de népétas bleu pâle.**

Page ci-contre, à gauche

**L'intensité de sa couleur, proche du noir, fait de *Tulipa* 'Queen of Night' un bulbe printanier particulièrement frappant. Elle contraste ici avec *T.* 'Magier' au-dessus d'une nappe de *Myosotis* 'Blue Bell' et de pensées pourprées à leurs pieds.**

Page ci-contre, à droite

***Gladiolus communis byzantinus*, magenta clair, forme une belle association avec *Iris* 'Wild Echo', *Cirsium rivulare* 'Atropurpureum', bordeaux, et *Lunaria annua* spontanée.**

**Bordeaux, pourpre, violet, bleu moyen et vert** On obtient des résultats spectaculaires en mêlant des couleurs de la même gamme ou de la même intensité, comme ici avec les bordeaux, pourpres, violets, bleus et verts. Autant que possible, donnez-leur un fond de feuillage pourpre foncé, *Cotinus coggygria* groupe Rubrifolius, par exemple. Vous le planterez auprès de *Viburnum rhytidophyllum* aux rugueuses feuilles vert moyen, pour offrir un contraste de textures sans détruire l'harmonie des tons. De hauts buddléias, comme *Buddleja davidii* 'Black Knight' ou 'Royal Red', apporteront leurs épis améthyste ou rouge foncé. Les houx bleutés,

tel *Ilex* x *meservae* 'Blue Princess', sont également sombres, avec des feuilles aux nets reflets bleus. En début de saison, le riche bleu des myosotis est irremplaçable dans ce type de massif, surtout en association avec les tulipes pourpre sombre. En été, ce seront le feuillage vert foncé et les fleurs rose vif de *Cistus* x *pulverulentus*, à condition de le planter à l'avant pour que le soleil le baigne. Une grande partie de l'année, les feuilles vert clair d'un autre arbuste précieux, *Clerodendron trichotomum fargesii*, restent neutres mais, en fin d'été, ses baies bleues, entourées d'une collerette bordeaux, sont extraordinaires. *Callicarpa bodinieri* 'Profusion', autre arbuste de fin de saison, a des fruits surprenants, d'un violet qui semble presque artificiel.

*Clematis* 'Rouge Cardinal', 'Niobe', *C. viticella, C.* 'Polish Spirit', très bleue, et la vigne pourpre *Vitis vinifera* 'Purpurea' donnent de la hauteur et de la couleur. Ces arbustes et grimpantes servent de base à de jolis mélanges de vivaces. Quatre d'entre elles, bleu pur, *Anchusa azurea* 'Royal Blue', *Aconitum* 'Spark's Variety', *Agapanthus* 'Bressingham Blue' et *Salvia* x *sylvestris* 'May Night', se marient très bien ici. Vous pourrez ajouter *Lythrum salicaria* 'Firecandle', rouge-violet vif, *Sidalcea* 'Croftway Red' et *Phlox paniculata* 'Vintage Wine', et quelques taches de *Knautia macedonica,* bordeaux, pour renforcer la base pourpre.

Les delphiniums hybrides offrent aussi une vaste gamme de tons pourpres, lilas et bleu foncé, avec *Geranium psilostemon*, magenta, qui fera exploser l'ensemble. Ajoutez-y des tons bleu clair comme celui, violacé, de *Salvia sclarea turkestanica* et le bleu moyen des centaurées. Plus tard en saison, les asters bleus et pourprés, tel *Aster novii-belgii* 'Cardinal', seront ponctués d'ails pourpres, de *Liriope muscari* ou de lavandes.

Les verts clairs, comme celui de *Helleborus foetidus*, tôt dans l'année, pourront surprendre dans ce tableau. Les épis verts de *Kniphofia* 'Green Jade' et les grappes mousseuses de *Heuchera* 'Green Ivory', plus tard, seront parfaits. Je songe également à *Astrantia major*, blanc verdâtre, mêlée à *Ajuga reptans* 'Burgundy Glow', à feuilles marron, en couvre-sol.

## LES MÉLANGES « DÉTONANTS »

De même que les idées toutes faites sur l'harmonie des couleurs ont été battues en brèche par des peintres comme Henri Matisse, pour certains jardiniers, il faut se décider à faire des expériences « osées ». L'emploi de tons inhabituels, comme le noir, le brun, le pourpre, le chartreuse et le marron, produit des effet artistiques.

**Orangé brûlé, rouille, chartreuse et pourpre foncé** Les pourpres et verts sont d'un effet très différent selon qu'ils sont mêlés à des tons chauds ou à des tons froids. Les couleurs orange et rouille constituent un complément saisissant pour les pourpres. Prenons les delphiniums : il en existe toute une gamme de pourpres, dont *Delphinium* 'Finsteraarhorn', foncé à œil noir, et 'Dark Purple', pourpre-noir ; l'hybride *D. belladonna* 'Völkerfriden', plus petit, est d'un bleu gentiane tout aussi intense.

Des plantes à la présence aussi forte prendront place dans une masse de *Crocosmia masoniosum*, orange vif, en un contraste éclatant. Pour asseoir l'ensemble, *Corylus maxima* 'Purpurea', grand arbuste bronze, donnera un fond solide. En automne, la vigne vierge du Japon (*Parthenocissus tricuspidata*) flamboiera de pourpres et les fleurs estivales orange du bignonia (*Campsis radicans*) apporteront de la gaieté.

D'autres plantes peuvent réchauffer les pourpres. Tôt dans l'année, *Euphorbia griffithii* 'Fireglow' ajoute de l'orange au massif. En mai-juin, les iris hybrides, comme le grand iris des jardins 'Autumn Leaves', offriront des cuivres et des bruns. En plein été, les lis tigrés (*Lilium lancifolium*) illuminent le paysage et de robustes hémérocalles donnent le même brun-cannelle que les iris, avec du cuivre et du rouge indien.

Donnez encore plus d'éclat avec *Phormium* 'Sundower', *P.* 'Apricot Queen' et le petit *P.* 'Bronze Baby', qui s'apparentent aux tons orangés. *Achillea* 'Fanal', cerise, et *A.* millefolium 'Paprika', roux, sont également possibles. *Rudbeckia* 'Marmalade', vif, parle de lui-même et *Astilbe* 'Fanal' et 'Granat', rouge vif, sont parfaites en sol frais. Le jaune-orangé est représenté par *Verbascum chaixii* 'Costwold Queen'. Plus tard dans l'année, les vifs tons orange brûlé des heleniums apparaîtront. Leurs couleurs seront rehaussées par les fleurs bleu-violet d'un « lilas » de Californie tel que *Ceanothus* 'Delight' ou le bleu vif de *Ceratostigma willmottianum*. L'orange foncé de *Phygelius capensis* 'Winchester Fanfare' apparaît en même temps. Les tritomes comme *Kniphofia galpinii*, bronze, et *K.* 'Samuel's Sensation', écarlate foncé, offrent la même gamme.

Il en existe aussi de verts, comme *K.* 'Green Jade', à associer aux tons rouille, vermillon et pourpres. Également dans les verts, *Alchemilla mollis* porte un doux feuillage grisé et des fleurs chartreuse, et *Nicotiana langsdorfii*, demi-rustique, des tubes vert vif, tout comme la jolie *Molucella laevis*.

### LES MÉLANGES « DÉTONANTS »

#### FLEURS ORANGE FLAMBOYANT

***Crocosmia* x *crocosmiiflora* 'Solfaterre'**
**Bulbes à fleurs vieil or et feuillage bronze.**

***Hemerocallis* 'Burning Daylight'**
**Vivace à brillantes fleurs orange foncé.**

***Kniphofia* 'Shinning Sceptre'**
**Vivace dressée à épis orange doré.**

#### FLEURS BRUN-ROUX

***Helenium* 'Moerheim Beauty'**
**Composée vivace à fleurs brun-roux et feuillage sombre.**

***Hemerocallis* 'Stafford'**
**Vivace à fleurs rouge foncé, vertes à la base.**

***Hemerocallis* 'Mrs Hugh Johnson'**
**Vivace à fleurs d'un riche acajou.**

#### FLEURS CHARTREUSE

***Euphorbia characias wulfenii***
**Buisson rond à fleurs chartreuse et à feuillage gris-bleu.**

***Kniphofia* 'Percy's Pride'**
**Vivace à grands épis, très imposants, vert acide.**

#### FLEURS POURPRE FONCÉ

***Delphinium belladonna* 'Lamartine'**
**Vivace à fleurs bleu pourpré.**

***Iris* 'Black Swan'**
**Iris barbu à fleurs violet foncé et à feuilles gris-vert.**

***Veronica spicata* 'Romiley Purple'**
**Vivace en touffes aux épis de petites fleurs pourpres.**

En haut
À gauche **'Lucifer' est un nom parfait pour ce *Crocosmia* rouge vif.** Au milieu **Ces hémérocalles (*Hemerocallis*) rouge et jaune sont éclatantes mêlées au *Solidago* 'Mimosa', chartreuse.** À droite **Les éventails orange de *Libertia peregrinans* sont éblouissants sur leur tapis de *Muscari botryoides* outremer.**
Au centre
À gauche **Le *Polemonium*, bleu, et l'*Alstroemeria*, feu, s'appuient sur *Philadelphus coronarius* 'Aureus', chartreuse.** Au milieu **Des *Verbena* violettes servent de fond à ces dahlias orange.** À droite ***Astrantia major* 'Claret', ponceau, souligne le bleu de *Clematis* x *eriostemon*.**
En bas
À gauche **Classique association de myosotis et de tulipes orange.** Au milieu **Ces soucis orange réveillent le rouge sombre des ancolies.** À droite **Des choux d'ornement magenta resplendissent parmi des soucis et des pavots de Californie jaune-orangé.**

**Chocolat, pourpre et citron** Les tons les plus sombres, tels chocolat et pourpre, peuvent servir à créer un contraste ou à mettre en relief une masse végétale. La structure fournie par un feuillage foncé comme le pourpre sombre du sureau *Sambucus nigra* 'Guincho Purple', le bronze de *Corylus maxima* 'Purpurea' ou de *Fagus sylvatica* 'Pendula' est parfaite. J'ajouterai *Cotinus coggygria* 'Royal Purple', rouge foncé, pruiné, et les reflets plus noirs de *Berberis thunbergii atropurpurea*, si la lumière frappe directement la lisière de la bordure. Tous ces arbustes souligneront les feuillages clairs ou les fleurs jaune pâle.

Rien ne surpasse, cependant, dans les fleurs sombres, *Veratrum nigrum*. Cette splendeur porte des épis de fleurs chocolat sur de brillantes feuilles plissées. Casse-tête horticole, il demande un sol très frais en plein soleil ou à l'ombre légère. Cette dernière exposition convient aussi, avec le sol frais, au *Cimicifuga simplex* 'Brunette' de 1,80 m de haut : ses fleurs blanches apparaissent tard en été et émergent de grandes feuilles couleur bronze.

Plus facile, même à l'ombre sèche, *Geranium phaeum* produit de petites fleurs rouge prune sur des tiges minces. Comme toujours, vous

Parfois, l'harmonie naît du rapprochement des contraires, comme le mariage du jour et de la nuit. Un ensemble fade prendra vie avec des fleurs foncées dans des feuillages clairs, comme des armoises, ou des fleurs pastel. La solide arroche annuelle pourpre sombre (*Atriplex hortensis rubra*) est souvent semée dans les douces plates-bandes argentées dans cette intention. Ce thème clair, sophistiqué, est un peu faible pour le goût de certains et une pointe sombre le ravive, comme une masse de *Delphinium* groupe Black Night ou le vivace *Cosmos atrosanguineus*, chocolat, parmi des *Achillea* 'Moonshine' de 90 cm de haut.

Ci-dessus à gauche

**Les fleurs vives du géranium 'Patricia' ont été heureusement associées aux fleurs plates et jaune primevère de l'achillée 'Martina', en une combinaison éclatante.**

Ci-dessus au milieu

**Les fleurs magenta à cœur noir de *Geranium psilostemon* sont superbement mariées à des achillées citron.**

Ci-dessus à droite

**Les monardes 'Cherokee', roses à ruchés bruns, sont ici accompagnées par *Artemisia* 'Jim Russel' et les fleurs bordeaux foncé de *Atriplex hortensis rubra*.**

pourrez vous tourner vers les iris et les hémérocalles (*Hemerocallis*) hybrides quand vous rechercherez ces couleurs particulières. Par exemple, *Iris* 'Dusky Challenger', *I.* 'Brown Trout', *I.* 'Brow Stone' et *I.* 'Bronze Cloud' sont, comme leur nom l'indique, des choix judicieux. Du côté des hémérocalles, on trouve de superbes tons sombres, rouge foncé, comme 'Black Magic', ou marron soutenu, qui apporteront un charme sensuel à l'ensemble.

Quand vient l'instant d'élire les jaunes qui accompagneront ces sombres bruns et pourpres, retenez les plus pâles, frais, donnant des contrastes plus doux que leurs collègues canari, trop stridents. Fort heureusement, de nombreuses formes de fleurs offrent cette nuance, entre autres *Coreopsis verticillata* 'Moonbeam' (45 cm) et le grand *Verbascum chaixii* 'Gainsborough', dont les épis de fleurs pâles dominent de 1,50 m les feuilles laineuses grises. Ajoutez-y *Cephalaria gigantea*, une scabieuse haute de 1,20 m, qui produit des pompons d'un beau jaune primevère en juin-juillet.

Parmi les autres bons éléments, choisissez *Anthemis tinctoria* 'E.C. Buxton', composée à fleurs citron, et les épis dynamiques de *Kniphofia* 'Little Maid', qui ont l'attrait supplémentaire de pâlir en cours de floraison. Parmi les riches hémérocalles, le répertoire comprend nombre de jaunes tendres, comme 'Classy Lassie'. Pensez aussi à *Achillea* 'Taygetea', à têtes plates jaune citron, ou *Achillea* 'Moonshine', à fleurs lumineuses durant tout l'été. Pour ajouter des feuillages colorés à cette masse de fleurs, vous pouvez envisager *Milium effusum* 'Aureum'. Cette herbe ravissante, gracieuse, jaune ambré, se ressème un peu partout sans excès. De surcroît, elle se balance élégamment dans le vent, ajoutant la grâce du mouvement à la beauté de sa couleur.

Ci-dessus à gauche

**Ce magnifique contraste automnal est donné par les feuilles mordorées de *Heuchera* 'Palace Purple', côtoyant la dentelle argentée de *Artemisia* 'Powis Castle' et *Aster amellus* 'Pink Zenith'.**

Ci-dessus au milieu

***Iris* 'Kent Pride', acajou, prend tout son relief dans un tapis de *Heuchera* 'Rachel', pourprées, marié à *Erysimum* 'Bowle's Mauve'.**

Ci-dessus à droite

**Cette capiteuse composition de légumes dans un potager d'ornement comprend des choux rouges, des laitues 'Lollo Rosso', du fenouil bronze et le chaud feuillage frisé du persil et des carottes.**

**Assemblages multicolores** Les thèmes colorés proposés jusqu'ici vous déplaisent peut-être, simplement parce que vous voulez voir toutes les couleurs dans votre jardin. L'emploi de tous les tons du spectre ensemble peut être plus tentant. S'agit-il de trouver un coin où planter tout et n'importe quoi ? Nous avons tous fait ça, mais le résultat est souvent décevant, même avec de jolies plantes. Alors, que faire ?

Avec l'été arrive la couleur. L'expression « débauche de couleurs », souvent employée, me laisse songeuse : « spectacle », « symphonie », « festival » sont sûrement des mots plus appropriés. Cette expression est pourtant sans doute censée célébrer la couleur. Pour réussir, avec les bonnes plantes au bon endroit, il faut imaginer la scène à créer. Une plate-bande bariolée n'est pas simplement un mélange des tons rouges, jaunes et bleus les plus courants sur un fond vert. On peut choisir du bleu profond, pourpré, du bleu cendré, des tons rouille, bordeaux, pêche et roses, du jaune soufre ou citron, et une myriade de verts neutres. Sélectionnez des couleurs proches, foncées ou claires, pour obtenir un riche effet. Vous trouverez des variétés pleines d'intérêt parmi les hémérocalles, les iris, les géraniums, les sauges, les delphiniums, les lupins, les campanules, les phlox et les lis. Une masse de graminées, dont certaines sont panachées, peuvent être ajoutées à l'ensemble. Prenez des nuances claires ou soutenues, chaudes ou froides, en répétant les couleurs à travers le massif ou la plate-bande tout en jouant avec les tailles et les formes des diverses variétés : arrondies, linéaires, étalées, élancées… Le résultat sera à la fois vivant et coloré.

Si, au lieu de prendre des couleurs proches, vous employez des nuances de couleurs de base très différentes, la scène sera tout autre, comme si le jardin était baigné d'une lumière chaude. L'or vif et le jaune soleil seront enrichis par les écarlates. Les tons orange éclatant seront étoffés de cuivre ; le bordeaux et le bleu marine, éclairés par l'abricot, le chamois, le crème. La gamme sera joyeuse, si chaque couleur primaire et secondaire est présente. Les rudbeckias, les dahlias, les héléniums, les héliopsis, les renoncules, les tritomes, les benoîtes, les trolles, les euphorbes, les potentilles, les pavots, les lychnis, les delphiniums, les gaillardes et les crocosmias fournissent l'intendance. Les feuillages vert vif ou frais, bronze ou panaché d'or, dispersés çà et là dans la plate-bande, se marieront bien aux couleurs. Là encore, la gamme immense de formes et de tailles soutiendra l'effet produit par le mélange coloré, et quelques gris ou blancs suffiront à apaiser le tout.

J'ai remarqué que le crème est une couleur sans égale comme liant dans toutes les compositions. Contrairement au blanc pur et à l'argent, qui peuvent faire tache, ce coloris se fond gentiment avec des compagnons « chauds » ou « froids », clairs ou foncés. Il est d'ailleurs employé instinctivement par les peintres depuis longtemps. Les recettes du passé sont toujours valables.

### Assemblages multicolores

#### Début d'été

***Allium hollandicum* 'Purple Sensation'**
**Boules rose violacé foncé.**

***Anchusa azurea* 'Opal'**
**Masses de fleurs bleu pâle.**

***Lupinus* 'Les Pages'**
**Grands épis rouge carminé.**

***Thalictrum aquilegiifolium***
**Panicules de fleurs lilas clair.**

#### Plein été

***Achillea filipendulina* 'Gold Plate'**
**Fleurs plates d'un riche jaune d'or.**

***Aconitum* 'Spark's Variety'**
**Capuchons violet foncé.**

***Coreopsis verticillata* 'Moonbeam'**
**Marguerites citron clair.**

***Lychnis chalcedonica***
**Vivace en touffes à fleurs écarlates.**

***Potentilla atrosanguinea***
**Gerbes de fleurs simples, rouge vif.**

En haut à gauche
**Cette plantation libre est couverte de fleurs de diverses nuances de rose et d'orange, de *Ranunculus, Nemesia* et *Heuchera* 'Rachel'.**
En haut à droite
**Les linaires (*Linaria marrocana*) bicolores donnent un mélange bariolé d'où émergent *Ranunculus* et *Nemesia* vivement colorés.**
Ci-contre
**Ce mélange « fantaisie » de tulipes hybrides, de pâquerettes pomponettes (*Bellis perennis*) et de myosotis est riche en couleurs comme un tableau.**
Au centre à droite
**Des ails mêlés, entre autres, de *Penstemon* 'Garnet' et de campanules donnent un jardin saturé de couleurs.**

## UN SPECTACLE PERMANENT

Nombre de jardins, aujourd'hui, sont de taille réduite et sont censés être un plaisir pour les yeux toute l'année. Un cadre de solides persistants donnera une structure permanente où la couleur, en automne, viendra des arbres caducs, en été des vivaces à longue floraison et, au printemps, des bulbes.

**Couleurs d'automne** Parmi les fleurs d'automne, j'ai un faible pour les anémones hybrides roses et blanches, les asters bleus, pourpre et magenta, les agapanthes bleues et blanches, les rudbeckias jaune orangé, les goupillons crème de *Cimicifuga*, les tritomes dressés et quelques persicaires rouges et roses. Les énormes marguerites blanches de *Leucanthemella serotina* (syn. *Chrysanthemum uliginosum*) sont également une merveille de ténacité ; et les *Schizostylis* durent jusqu'à Noël, en résistant aux gelées blanches. Les crocus d'automne et les colchiques se parent de rose et de pourpre, et j'apprécie aussi les fleurs légères des cyclamens. Mais, même si toutes ces fleurs apportent de la vie, elles n'ont pas la luxuriance de leurs sœurs estivales.

L'automne est particulier. L'air vif et la forte lumière transforment les couleurs. L'orange et l'or éclatent partout et des feuillages d'ordinaire discrets s'habillent de rouge. *Parrotia persica*, par exemple, s'enflamme, *Liquidambar styraciflua* devient vermillon et pourpre, les chênes rutilent et les érables (*Acer*) se surpassent chaque année. Des lianes comme les vignes et certaines variétés de *Parthenocissus* sont flamboyants à cette époque.

L'autre richesse de l'automne réside dans les arbustes des haies comme les houx, sorbiers, cotonéasters, pyracanthas, pommiers d'ornement et rosiers, qui se chargent de fruits rouges, orange et jaunes. Certains sont splendides isolés, comme ceux de *Malus* 'Golden Hornet', d'autres se serrent en grappes comme chez *Sorbus scalaris* et beaucoup ont une forme particulière, comme les « bouteilles » de *Rosa moyesii*. Certaines baies sont transparentes, telles celles de l'obier (*Viburnum opulus*), celles, fardées de rose, de *Sorbus vilmorinii*, les boules blanc pur de la symphorine (*Symphoricarpus albus*) et les grappes bleues du mahonia (*Mahonia aquifolium*).

De plus en plus, les jardiniers ne rabattent pas les fleurs fanées en automne, après avoir vu l'effet du givre sur *Sedum* 'Herbstfreude' et sur *Hydrangea arborescens*. Les graines délicates des chardons (*Dipsacus fullonum*), celles des monnaies-du-pape (*Lunaria annua*) et du léger *Physalis alkekengi franchetii* ne manquent pas d'attrait. Les graines de nombreux érables japonais ont également un charme particulier.

Tout en haut à gauche

**Le flamboyant *Euonymus alatus apterus* tranche nettement sur *Malus* 'Butterball'.**

En dessous

**Ce *Berberis thunbergii* 'Silver Beauty', teinté d'écarlate, donne un fond parfait aux fleurs de *Fuchsia magellanica gracilis* 'Variegata'.**

En dessous

**En fin d'été, ces asters sont relevés par les fleurs rose pâle du sédum.**

En bas

**Voici une association inhabituelle d'hortensias et d'euphorbes échevelées.**

À droite

***Acer palmatum* 'Osakazuki', rouge foncé, est splendide avec *Hamamelis mollis*, jaune.**

**Couleurs d'hiver** Grâce aux persistants, la plus triste journée d'hiver devient supportable. Dans les pays nordiques, les conifères sont peut-être monotones quand ils garnissent en rangs le paysage neigeux, mais, grâce à leur richesse de formes et de textures, ils charpentent un jardin. Parmi les grands arbres, la forme la plus courante est élancée (voir p. 30-31), mais il existe aussi de vénérables cèdres étalés. Pour les très grands jardins, l'épicéa de Brewer (*Picea breweriana*), aux branches en draperies retombantes, est un arbre élégant. Peu d'arbres ont autant de grâce mais, pour bien choisir parmi les petits conifères, pensez à la forme et la taille qu'ils auront à l'âge adulte, notamment pour *Juniperus scopulorum* 'Skyrocket', filiforme, et *Chamaecyparis pisifera* 'Filifera Aurea', retombant, mousseux. On trouve également des formes étalées, en boule, ou en tapis comme *Juniperus* x *media* 'Pfitzeriana' et *J. procumbens* 'Nana', à pousse lente. Pour des arbres plus étoffés, cherchez parmi les pins (*Pinus*), qui offrent une passionnante gamme de formes et de couleurs, telles l'or, le bleu, l'argent, le brun, panachées ou non. Les conifères denses, vert mousse, comme *Chamaecyparis obtusa*, donneront du relief toute l'année durant. Choisissez également parmi d'autres persistants comme les mahonias, les berbéris, les viornes et les houx. Certains sont luisants, vert clair, comme *Choisya ternata* et *Griselinia littoralis*. Les arbustes panachés donnent en outre de la couleur, comme les formes de *Elaeagnus* x *ebbingei* et l'élégant *Euonymus fortunei* 'Silver Queen'. La couleur vient encore des cornouillers (*Cornus*) et de quelques saules arbustifs, à brillantes tiges rouges ou jaunes. D'autres arbres ont de superbes écorces, comme *Prunus serrula*, à reflets acajou, *Betula jacquemontii*, blanc doré, et *Arbutus andrachne*, fauve. Les formes se dessinent clairement en hiver quand les érables affichent leur port gracieux et que les branches contournées de *Salix matsudana* 'Tortuosa' se détachent sur un ciel gris.

N'oublions pas les mahonias. *Mahonia japonica* porte d'odorantes fleurs d'or et des formes de *M.* x *media*, dont 'Charity', sont justement appré-

En haut

***Euonymus fortunei*** **'Silver Queen', au caractéristique feuillage panaché, tapisse le sol jusqu'en hiver au pied des brillantes tiges rouges de *Cornus alba* 'Sibirica'.**

En bas

**Dans la sérénité créée par le givre, les graminées parcheminées, dont *Cortaderia selloana* 'Pumila' et *Pennisetum alopecuroides*, contrastent avec le sombre phormium et *Sedum* 'Herbstfreude', rouille.**

ciées pour leurs fleurs d'hiver. Parmi les autres fleurs, pensez aux chatons de *Garrya elliptica* 'James Roof' et aux étoiles du jasmin d'hiver (*Jasminum nudiflorum*), qu'il faut tailler après floraison, comme les forsythias, une fois fanées leurs précoces parures jaunes.

En sol acide, les bruyères sont remarquables pour leurs vives couleurs. Les trois genres sont *Calluna, Daboecia* et *Erica*. Mêlez-les à des camélias hâtifs, des rhododendrons, des piéris aux feuilles rouges et à des skimmias à baies hivernales et fleurs précoces. Pour les sols classiques, il existe d'autres arbustes hivernaux, dont les hamamélis, qui aiment tous les bons sols non crayeux ; bien nourris et soignés, ils éclatent, tôt, en fleurs jaune foncé ou orange. *Hamamelis* 'Pallida' est très parfumé et couvert de fleurs jaune clair ; *H.* x *intermedia* 'Diane' est rouge foncé. Tous sont étalés et odorants, tout comme le trop négligé *Lonicera purpusii* 'Winter Beauty'.

Les graminées, qui se révèlent en fin d'année, font aussi beaucoup d'effet. Le majestueux *Cortaderia* fera le beau sans peine, ses énormes plumets crème, soyeux, résistant à tout. À côté, les variétés de *Miscanthus sinensis* aux inflorescences vaporeuses atteignent 1,80 m de haut ; leur ton de parchemin, sous un givre scintillant, est merveilleux. D'autres herbes, comme les gerbes de *Stipa calamagrostis*, ont un port ravissant et des tons subtils, même en automne. *Carex* restera bleu, argent, vert ou rouge-brun, *Helictotrichon sempervirens*, bleu acier, et *Hakonechloa macra* 'Alboaurea' à pousse lente, bronze doré. Saupoudrées de neige ou de givre, elles font presque paraître vulgaire la débauche estivale. L'hiver est le bon moment pour réviser son jugement sur la diversité des plantes.

Le printemps pointe son nez avec la belle prestation des hellébores, vert pâle, blancs ou roses. Les *Brunnera* et les fougères les accompagnent à merveille, avec les perce-neige, helléborines, scilles, anémones, crocus, iris bulbeux et tulipes précoces, qui donnent un trait de couleur avant la symphonie printanière.

En haut

**En hiver, les fleurs pendantes de *Garrya elliptica* sont brillamment associées aux ciselures du givre déposé sur les feuilles persistantes de *Euphorbia characias wulfenii* et *Brachyglottis compacta* 'Sunshine'.**

En bas

**Les hellébores hivernaux sont un superbe spectacle en climat tempéré, comme on le voit ici, où *Helleborus foetidus* se hisse au-dessus de délicats perce-neige, en fin d'hiver.**

# LES MEILLEURES ASSOCIATIONS

# COMPATIBILITÉ NATURELLE

Jusqu'ici, nous avons évoqué les végétaux d'un point de vue artistique, les plantes jouant le rôle des couleurs du peintre ou des matériaux de l'architecte... au jardin. Nous chantons leurs infinies variétés, qui les aident à s'adapter à des milieux hostiles et à triompher de l'adversité. Mais les réflexions écologistes commencent

à modifier nos mentalités. La nature est mieux comprise et de nombreux jardiniers s'intéressent aux plantes indigènes, faciles à adapter sur place. La nature est la première créatrice et peut nous apprendre beaucoup. Les associations spontanées des plantes, selon leurs compatibilités, sont aussi riches que les plates-bandes traditionnelles. Elles nous offrent la beauté de plantes vivant en parfaite symbiose.

À gauche

**Ligulaires, spirées et hémérocalles vivent en bonne intelligence, en sol frais ; *Robinia pseudoacacia* 'Frisia', doré, ombrage l'ensemble.**

Ci-dessus

**Un *Opuntia*, un aloès orange, en fleur, et une série d'agaves poussent côte à côte dans la chaleur sèche de ce jardin californien.**

## CONNAÎTRE VOTRE JARDIN

Le type de sol qui constitue votre jardin est la première chose à connaître pour choisir les plantes qui s'y acclimateront. La nutrition est le secret de la santé de tous les êtres vivants : sans les bonnes vitamines, nous ne pouvons survivre. Si vous connaissez votre terre et plantez en conséquence, vous pouvez espérer obtenir des végétaux sains et durables.

La structure physique du sol est aussi importante que sa structure chimique. Est-il lourd ou léger, ou bien parfaitement équilibré, facile à labourer, drainant tout en restant frais ? Peu d'entre nous ont un terrain parfait et il vous faudra donc connaître le taux de sable ou d'argile que contient le vôtre. Le sable est présent dans tous les sols. Il les allège, les aère et les draine, alors que l'argile les compacte. Serrée, l'argile colle ; elle retient peu d'air mais beaucoup d'eau. Chaque élément a ses bons côtés : le sable est pauvre, sèche vite, mais se réchauffe tôt, alors que l'argile, riche en minéraux, se détrempe, reste froide et s'asphyxie.

Vous pouvez transformer votre terre en limon fertile en y ajoutant des matières organiques. Elles aideront le sable à garder l'humidité et aéreront l'argile. Cette dernière peut également être amendée si vous y enfouissez des matériaux granuleux, comme du gros sable, ou de la chaux, qui agglutine les particules en « floculats » grumeleux. Sinon, un labour avant l'hiver expose les mottes au gel, qui les émiette.

La structure chimique implique la connaissance du 'pH', abréviation pour potentiel-Hydrogène : un péhamètre vous dira si votre sol est acide ou alcalin. En clair, les éricacées et plantes calcifuges mourront si le sol n'est pas acide, alors que d'autres préféreront ces conditions. (Les plantes adaptées à ces terres particulières sont décrites p. 128-131.) La plupart des plantations tolèrent un peu d'acidité, et la terre idéale a un pH de 6,5. Je crois inutile de bouleverser la totalité de votre jardin, mais vous pouvez atténuer ses défauts et manques de minéraux. Faire de nécessité vertu rendra votre jardin original et il est rarement payant de changer toute la terre d'un massif, qui fera alors tache dans l'harmonie générale. Pour apprivoiser des plantes peu adaptées, recourez aux conteneurs.

Ci-dessus
**Une terre acide et fraîche convient à *Matteuccia struthiopteris, Rodgersia podophylla* et *Rhododendron hunnewellianum* 'Sappho'.**
Ci-contre, en haut à gauche
**Cette chaude façade apprécie les armoises, les santolines et les euphorbes grises, *Allium cristophii* et *Rosa multiflora* 'Grevillei'.**
Ci-contre, en haut à droite
**Une couche de graviers garde l'humidité et rafraîchit les racines de *Allium cristophii, Armeria maritima* 'Düsseldorf Pride' et *Salvia multicaulis*.**
Ci-contre, en bas
**Un sol acide et frais à mi-ombre est parfait pour *Rhododendron loderi* et l'azalée *R. luteum*.**

La lumière aussi est importante, les plantes se nourrissant par leurs feuilles autant que par leurs racines. La chlorophylle, ce pigment vert présent dans presque toutes, leur permet d'utiliser la lumière solaire grâce à la photosynthèse par laquelle elle se combine au gaz carbonique et à l'eau pour produire du glucose. La plante en retire de l'énergie, mais perd, par transpiration, l'eau, que ses racines absorbent. D'où des feuillages variés, adaptés à des conditions lumineuses diverses. En lumière faible et sol humide, les feuilles sont grandes et très vertes ; en plein soleil, où l'évaporation est intense, elles se couvrent de duvet ou réduisent leur surface. La mi-ombre offre donc de luxuriants feuillages verts, et les lieux ensoleillés, des plantes argentées à feuilles étroites.

L'évolution a donné des plantes pour presque chaque climat, et elles se sont montrées étonnamment malléables. L'endroit où nous vivons peut souffrir de contraintes climatiques qui réduisent le choix végétal. Mais certains lieux bénéficient de conditions particulières dont le jardinier peut tirer parti. L'Irlande occidentale, par exemple, malgré sa latitude nordique, accueille des plantes de climats plus chauds, grâce à la présence adoucissante du Gulf Stream. L'on peut aussi créer soi-même un micro-climat pour des végétaux donnés en offrant un mur ensoleillé à des lianes frileuses ou une banquette surélevée à des plantes de rocaille. Arbres, arbustes et brise-vent jouent le rôle d'abri, et nos jardins urbains, clos, protégés des excès climatiques, sont un défi aux lois géographiques.

## PLANTATIONS PARTICULIÈRES

Les plantes partagent des besoins écologiques communs tels que le type de sol, le climat, l'orientation, l'exposition et l'ensoleillement. Si elles poussent ensemble dans la nature, elles feront de belles captives dans un jardin et leur compatibilité portera ses fruits.

**Jardins méditerranéens** Les plantes méditerranéennes, grillées par de longs étés chauds, vivent avec peu d'eau. Elles aiment les banquettes de graviers, qui gardent leurs racines au frais. Beaucoup se ressèment çà et là, ce qui est très joli, mais demande un bon désherbage. Un feutre géotextile sous le gravier limitera les mauvaises herbes, mais aussi la créativité de la nature. À vous de choisir.

Les oliviers gris symbolisent la robustesse des plantes méditerranéennes et sont bien mis en valeur dans une garrigue odorante. Cette végétation parfumée, argentée, très différente de celle des régions tempérées, comprend lavandes, stachys et sauges. Les sous-arbrisseaux comme *Perovskia atriplicifolia* donnent une touche brumeuse, la note de verdure étant fournie par les népétas, tamaris, thyms, rues, hysopes, hélichrysums et molènes. Vous pourrez y ajouter quelques taches éclatantes d'hélianthèmes (*Helianthemum*), de fausse valériane, des scabieuses bleu pâle, des pavots et des pâquerettes blanches, plus quelques vivaces du type buglosses épineuses, agapanthes, anchusa bleu foncé et *Euphorbia characias wulfenii*.

Pour les grands jardins, les formes sculpturales des feuilles épineuses, des palmiers, des cactus hérissés et des cyprès de Provence (*Cupressus sempervirens* 'Stricta') contribuent à l'ambiance méditerranéenne. Les yuccas piquants, mêlés à des palmiers, montreront du caractère. Ajoutez des touches tropicales, tels les aloès à forme de candélabre et autres plantes grasses, gorgées d'eau, comme les

À gauche

**Ces cactus-cierges, appelés *Cleistocactus* 'Rojo Face', font grand effet contre le mur de pierre.**

Ci-dessous

***Papaver orientale* 'Juliane', *Anthemis punctata cupaniana* et *Agave americana* apprécient la sécheresse de ce jardin.**

À gauche
**Dans ce jardin méridional, on trouve *Yucca gloriosa*, *Senecio mandraliscae* et *Aloe saponaria*.**
Ci-dessous
**Mélange classique d'agaves et d'aloès.**

agaves aux formes artistiques. Les cactées seront présentes, statiques, tantôt trapues, en boules piquantes, tantôt en colonnes cannelées.

Les arbres et arbustes pour coins secs comprennent les mimosas d'or, les albizias en pompons, le jacaranda violet et le tamaris, rose, tous florifères. L'étage moyen verra s'épanouir les hibiscus, daphnés, lauriers-roses, buddléias, cistes, céanothes, potentilles et myrtes. Côté lianes, voyez les bougainvillées, plumbago, solanum et glycine. Ces végétaux possèdent souvent un feuillage aromatique ou des fleurs parfumées. Vous obtiendrez votre effet en mêlant les plantes décrites suivant le sol et l'exposition. Sinon, adoptez des végétaux à feuillage vert froid, bleuté ou vert jade.

**Un jardin tempéré sur gravier** Ce massif circulaire fait partie d'un jardin de ville intimiste, très ensoleillé, avec des plantes adaptées à cet environnement. Le gravier de surface, qui retient l'humidité, remplace fort bien un gazon, pour lequel la surface est sans doute trop petite, et donne un bon drainage aux plantes de régions assez arides, sauvages ou cultivées. En outre, le gravier limite les mauvaises herbes.

L'aspect obtenu est très naturel, mais les plantes qui se naturalisent demandent une surveillance. Pour maintenir le cercle aussi net d'intruses que possible, on a posé un plastique sous le gravier de la partie centrale, où aucune plante ne peut donc prendre racine. Une aire de plantation de terre, recouverte de gravier et sans plastique, entoure cette zone bien dégagée.

Le plan du jardin est très simple. Des buis (*Buxus sempervirens*) taillés en boule jouent un rôle stabilisateur, architectural ; disposés de façon symétrique sur le périmètre, ils forment une masse auprès du banc. À proximité, on trouve des plantes plus charpentées telles que sédums, acanthes, genêts d'Espagne et aralias. Des épimédiums et des géraniums, qui jouent les couvre-sol sous les plantes plus élevées, et les masses de sauge pourpre (*Salvia officinalis* groupe Purpurascens) sont régulièrement utilisés.

**Première année**

Bien que la symétrie préside à la conception, l'aspect général reste très naturel, notamment grâce aux plantes connues pour se ressemer aisément, comme *Alchemilla mollis, Eschscholzia californica, Viola labradorica* et *Stipa gigantea*. La plantation est parfaitement adaptée au lieu, ensoleillé et drainé, et se gère tout seule, pour la plus grande partie. Le paysagiste ne fait qu'y compléter la nature.

Légende (H = Hauteur ; É = étalement)

**1.** *Santolina pinnata neapolitana* 'Edward Bowles', H : 75 cm ; É : 90 cm

**2.** *Miscanthus sacchariflorus*, H : 2,50 m ; É : 90 cm

**3.** *Cytisus battandieri*, H : 5 m ; É : 3,50 m

**4.** *Sedum* 'Herbstfreude', H et É : 60 cm

**5.** *Melianthus major*, H et É : 2-3 m

**6.** *Macleaya cordata*, H : 1,50 m ; É : 60 cm

**7.** *Phlomis fruticosa*, H : 75 cm ; E : 90 cm

**8.** *Coreopsis verticillata* 'Moonbeam', H : 40-60 cm ; É : 30 cm

**9.** *Salvia officinalis* groupe Purpurascens, H : 60 cm ; É : 90 cm

**10.** *Allium cristophii*, H : 15-40 cm ; É : 15-20 cm

**11.** *Spartium junceum*, H et É : 3 m

**12.** *Rudbeckia fulgida deamii*, H : 90 cm ; É : 60 cm

**13.** *Euphorbia griffithii* 'Fireglow', H : 90 cm ; É : 60 cm

**14.** *Phyllostachys nigra*, H : 6-8 m ; É : continu

**15.** *Acanthus spinosus*, H : 1,20 m ; É : 60 cm

**16.** *Buddleja davidii* 'Black Knight', H et É : 5 m

**17.** *Aralia elata*, H et É : 10 m

**18.** *Epimedium* x *perralchicum*, H : 45 cm ; É : 30 cm

**19.** *Foeniculum vulgare* 'Purpureum', H : 1,80 m ; É : 45 cm

**20.** *Rosa* 'Louis XIV', H : 1,20 m ; É : 45 cm

**21.** *Hemerocallis* 'Stafford', H : 75 cm ; É : 60 cm

**22.** *Buxus sempervirens*, H et É : 45 cm

**23.** *Alchemilla mollis*, H et É : 50 cm

**24.** *Stipa gigantea*, H : 2,50 m ; É : 90 cm

**25.** *Viola labradorica*, H : 5 cm ; É : continu

**26.** *Potentilla* 'Gibson's Scarlet', H et É : 45 cm

**27.** *Eschscholzia californica*, H : 30 cm ; É : 15 cm

**28.** Haricots grimpants, H : 2,50 m

**29.** *Euphorbia amygdaloides robbiae*, H : 45-60 cm ; É : 60 cm

**Première année,** ci-contre On voit ici le jardin en été. Les plantes à demeure des massifs alentour commencent à s'établir, celles du cercle de gravier, dont les alchémilles (*Alchemilla mollis*), les pavots de Californie (*Eschscholzia californica*), l'avoine géante (*Stipa gigantea*) et *Viola labradorica*, dispersent quelques graines. Bien que ce soit son premier été, le jardin montre déjà l'intérêt du thème, grâce aux plantes fortement colorées : *Potentilla* 'Gibson's Scarlet', hémérocalles acajou (*Hemerocallis* 'Stafford'), *Euphorbia griffithii* 'Fireglow', cuivre brûlé, *Phlomis fruticosa* jaune d'or, *Coreopsis verticillata* 'Moonbeam', jaune primevère, et feuillage bronze (*Foeniculum vulgare* 'Purpureum').

**Deuxième année**

**Deuxième année,** ci-contre On voit ici le jardin dans son deuxième été. Les tremblants épis de la belle graminée *Stipa gigantea* sont alors plus présents et commencent à dominer l'ensemble, ainsi que les masses d'écume jaune d'alchémilles à leur pied. Les pavots de Californie, orange et or, se sont bien ressemés autour de l'aire de graviers ; les potentilles rouges et les élégantes fleurs acajou de l'hémérocalle ajoutent des touches colorées qui s'accordent bien aux inflorescences des délicates graminées.

**Troisième année,** ci-dessus Cette photo du jardin montre son adéquation à un petit espace, même urbain. Toutes les plantations sont repoussées le long du mur de la maison et de la clôture pour donner une impression d'isolement douillet, tranquille. Pour renforcer l'idée de naturel, d'abandon, la clôture a été garnie d'un choix de lianes telles que *Cobaea scandens*, aux cloches vertes puis violettes, *Solanum crispum* 'Glasnevin' et *Clematis* 'Jackmanii'.

**Jardins de sous-bois** Dans un sous-bois, il est étonnamment facile d'obtenir un effet naturel, grâce au feuillage abondant. Les arbres, certes, procurent une protection hivernale, mais il importe de déterminer le degré d'ombrage aussi bien que le type du sol. Dans les bois de feuillus, la lumière est optimale au printemps et la couleur vient des bulbes : *Anemone blanda, Galanthus elwesii*, clochettes (*Hyacintoides non-scripta*) et *Cyclamen coum*. Les bosquets serrés apportent de superbes jeux d'ombre, alors que la lumière, douce ou vive, en lisière, permettra plus de plantations horticoles. Vers le mois de juin, les frondaisons sont établies pour la saison et l'ambiance d'ombre – ou de faible lumière – restera telle quelle jusqu'en automne.

L'ombre dense est difficile à peupler. Des herbes comme les laîches (*Carex plantaginea*), *Deschampsia flexuosa* ou les luzules (*Luzula sylvatica*), avec du lierre terrestre et quelques fougères y parviendront cependant. Si l'ombre est plus légère, on tentera de suggérer des plantations naturelles, sans pour autant se limiter à des espèces sauvages. Dans votre sous-bois, vous pourrez installer pulmonaires, podagraire, sceaux-de-Salomon et

Ci-dessus

**Les anémones (*Anemone blanda*) tapissent le sol de leurs jolies étoiles, en nappes bleues et blanches. Ce sont de parfaits couvre-sols pour cette situation, car elles apprécient l'ombre légère des lisières de sous-bois.**

En médaillon, ci-contre

**Ces touffes blanches de l'élégant *Galanthus nivalis*, très printanier, se sont naturalisées dans les tapis de la délicieuse helléborine (*Eranthis hyemalis*) aux fleurs jaune vif.**

arums sauvages, par exemple, et vous les enrichirez de graminées, aconits, fougères, euphorbes, digitales, primevères, ainsi que d'hellébores hâtifs pour le début de saison. Dans un jardin plus « apprivoisé », les arbustes tels que des *Prunus laurocerasus*, des cornouillers, des sureaux, des viornes et des aucubas persistants donneront de l'effet et, si votre sol est acide, ajoutez-y des rhododendrons et des azalées.

Les plus belles plantes courtes pour un sous-bois demi-sauvage sont les violettes, l'iris gigot (*Iris foetidissima*) aux tardifs fruits orange, *Brunnera macrophylla*, bleu, et des nappes de muguet (*Convallaria majalis*). En lisière, des cultivars de *Geranium sylvaticum*, de *G. macrorrhizum* et de lis martagon ne seront pas déplacés. En fin d'été, *Anemone* x *hybrida* et les formes joliment colorées d'astilbes, d'hostas et de campanules se mêleront à merveille. Pour les cultivars, les couleurs sylvestres doivent toujours être douces plutôt qu'éclatantes pour bien s'harmoniser au feuillage que ne manquera pas de fournir votre sous-bois.

Grande photo, à gauche

**Rien sans doute n'est plus vivifiant, au printemps, que le spectacle d'un sous-bois tapissé de bleu par les odorantes clochettes (*Hyacinthoides non-scripta*).**

Ci-dessous

**Le printemps voit l'apparition des fleurs mouchetées, blanches ou pourpres, des fritillaires pintades (*Fritillaria meleagris*). Elles sont ici associées à *Leucojum aestivum*, *Narcissus bulbocodium* et cardamines.**

**Prairies sauvages** Les vivaces de jardins sauvages donnent l'illusion de prairies sauvages. Ces dernières, très à la mode, exigent une bonne connaissance du type de sol et du climat local, ainsi que des besoins spécifiques des fleurs. Les mélanges naturels adaptés à un lieu précis sont idéaux, mais ils demandent un entretien suivi.

Pour avoir une prairie sauvage, retirez de votre jardin la terre de surface pour ne laisser qu'un sous-sol pauvre se rapprochant de celui, maigre, d'un modèle naturel. La vie explosera alors et, pendant un an, vous laisserez la terre en jachère, en éliminant de façon systématique les indésirables au désherbant, puis vous choisirez, chez un spécialiste, un mélange d'herbes et de fleurs qui dépendra, bien sûr, du sol. Par exemple, les aigremoines, les marguerites, les jacées, le trèfle blanc, les reines-des-prés, les scabieuses, les tanaisies, les valérianes et les vesces préfèrent les terres calcaires, alors que des sols légèrement acides accueillent les bétoines, les bleuets, les pâquerettes, les myosotis, les campanules, les pensées sauvages et les pavots. En sol argileux, humide, plantez des

compagnons rouges, des primevères, des géraniums des prés, des brunelles et des achillées.

Semez en automne en sol travaillé et ratissé, et fauchez trois fois la première année. La prairie s'équilibrera naturellement, les forts dominant les faibles, et vous pourrez intervenir en plaçant des « greffes » de plantes compatibles. En vous rappelant que toutes les plantes horticoles ont une origine sauvage, allongez la saison en ajoutant des cultivars délicats de plantes compatibles comme les sureaux, aubépines, obiers, saules, cornouillers et chèvrefeuilles.

Apprivoiser des plantes originaires d'une prairie d'altitude est très différent, car, là, les étendues naturelles sont soumises à de dures conditions et les plantes indigènes sont donc bien enracinées et indépendantes. Ne retenez que peu d'espèces au lieu de compliquer le dessin par une myriade de touches. Trois graminées pour neuf vivaces à grandes feuilles donneront une illusion de prairie. Achetez les graines adaptées chez un fournisseur local et composez des nappes libres, imbriquées dans l'herbe. L'entretien consistera d'abord à équilibrer les forces pour que les puissantes herbes n'étouffent pas les vivaces encore faibles.

Les graminées sauvages, botaniques, comme *Panicum virgatum*, *Andropogon gerardii*, voire importées, comme *Pennisetum alopecuroides*, sont parfaites. Leurs compagnes vivaces comprendront les lupins annuels, *Rudbeckia fulgida deamii*, les salicaires et les eupatoires (*Eupatorium purpureum*), qui donneront relief et couleur.

Ci-dessus
**Des pavots de Californie (*Eschscholzia californica*) sont joliment mariés à *Sidalcea malviflora*.**
À gauche
**Des verveines rampantes en compagnie de transparentes œnothères jaunes.**
À droite
**Ces lupins annuels bleus s'associent joliment aux œnothères (*Oenothera speciosa*).**
Page ci-contre, grande photo
**Ce talus sauvage de boutons-d'or et de pissenlits en graines est typique de nos prairies.**
En médaillon, page ci-contre
**Ces *Iris douglasiana* et eschscholzias orange vif sont ravissants en prairie.**

**Fondrières** Les zones trempées favorisent les feuillages luxuriants et relèguent les fleurs au second plan, excepté les primevères, salicaires, trolles, astilbes, soucis d'eau (*Caltha palustris*) et iris. Si votre terrain n'est pas naturellement mouillé, vous devrez créer une fondrière artificielle. Il existe diverses méthodes. Vous pouvez demander conseil à un spécialiste. Assurez-vous également de l'ombrage dont celle-ci profitera, et qui ralentira l'évaporation, toujours importante, des grands végétaux.

La taille du coin humide, qu'il soit près d'un ruisseau ou d'une mare, jouera sur le type de plantes et, personnellement, je suis réservée sur les plantes trop exotiques. Certaines, comme *Gunnera manicata*, conviennent aux grands espaces mais pas aux petites surfaces ; d'autres, peu communes, tel *Rheum palmatum* 'Atrosanguineum', aux feuilles très découpées, s'intègrent bien tout en ajoutant de l'originalité au tableau. Les saxifrages peltés (*Darmera peltata*) aux fleurs rose tendre apprécient aussi la fraîcheur. Les terres acides accueilleront la splendide osmonde royale (*Osmunda regalis*) et la fougère plume-d'autruche (*Matteucia struthiopteris*). Le complément de ces grosses masses sera le flambe d'eau (*Iris pseudacorus*), la barbe-de-bouc crème (*Aruncus dioicus*) et l'eupatoire rose (*Eupatorium purpureum*). Quelques hostas à grandes feuilles comme *Hosta sieboldiana*, bleuté, et *H.* 'Royal Standard', vert brillant à fleurs blanches, se feront une place de choix dans cette compagnie.

Si vous disposez d'un grand espace, vous obtiendrez un effet sauvage avec des saules arbustifs et des cornouillers, et les feuillages plumeux de reines-des-prés comme *Filipendula rubra* 'Venusta'. Avec des soins attentifs, vous pourrez introduire des nappes de plantes envahissantes comme *Glyceria maxima* 'Variegata', la petite massette (*Typha angustifolia*) et *Persicaria bistorta* 'Superba', ainsi que des soucis d'eau (*Caltha palustris*), des butomes en ombelle (*Butomus umbellatus*), *Calla palustris* et des myosotis d'eau (*Myosotis scorpioides*).

Dans un petit espace, soyez circonspect dans l'emploi de plantes sauvages, envahissantes. Tentez plutôt des masses d'hostas, grands et petits, des astilbes, des trolles, des hémérocalles et des taches de primevères ; *Primula japonica*, la primevère géante (*P. florindae*) et, plus petite, *P. sikkimensis*, parfumée, sont particulièrement belles. Essayez aussi les

Grande photo, à droite

**Un coin frais est idéal pour ces primevères à étages claires et foncées, mêlées à des trolles (*Trollius*) jaunes, des ligulaires et les feuilles spectaculaires des hostas, amateurs d'eau.**

Ci-dessous

**La gamme de plantes de cette fondrière comprend *Rheum palmatum*, des hostas, des astilbes blanches et le grand *Iris pseudacorus*, jaune.**

Ci-dessus

**Ce jardin humide, un peu acide, dont les végétaux se penchent vers l'eau, voit *Rhododendron luteum*, vif, tenir compagnie aux polygonums rose pâle, hostas et érables.**

En médaillon, à gauche

***Glyceria maxima*, vert et crème, aime la boue, où il fait bon effet avec des trolles jaunes (*Trollius*).**

panicules mousseuses, blanches, de *Smilacina racemosa*, en terre acide, et les feuilles spectaculaires de *Rodgersia* aux majestueux épis ombrés de rose. Les ligulaires à feuilles rondes, comme *Ligularia dentata* 'Desdemona', ont également leur place – le genre porte souvent des feuilles sombres et des marguerites ocre échevelées –, mais on aura aussi *L.* 'The Rocket', différente, avec ses épis jaune citron à tiges noires de 1,80 m de haut, au-dessus de feuilles en cœur dentelées. Ajoutez-y de grandes fougères, *Iris sibirica*, par touffes, quelques magnifiques *Cimicifuga*, et le superbe lobélia rouge (*Lobélia cardinalis*).

**Jardins du bord de mer** Le vent, cet ennemi du jardinier, est l'élément primordial qui intervient dans le choix des plantes d'un jardin océanique. Les brise-vent sont donc requis, bien qu'ils puissent gâcher la vue. Les vents, en outre, charrient du sel, alors que le sol, sableux, est pauvre. Les plantes du rivage sont plutôt ramassées et, quand on veut les arracher, on découvre un puissant système radiculaire qui permet à celles du front de mer de résister aux bourrasques. En arrière-plan, *Leymus arenarius* et les ammophiles (*Ammophila arenaria*) maintiennent les dunes face aux vagues.

Ci-dessus

**Les belles feuilles en éventail du palmier de Chine (*Trachycarpus fortunei*) s'accordent bien aux yuccas et cordilines, au long des sentiers sablonneux. Tous apprécieront la douceur de ce jardin du littoral du sud-ouest de l'Angleterre.**

Ci-contre, à droite

**Les feuilles étroites, liserées de rouge, de *Dyckia fosteriana* sont valorisées par leur mariage avec *Sedum acre* et *S. palmeri*, charnus, dans ce sol perméable tapissé de graviers.**

Grande photo, page ci-contre

**Dans un jardin du littoral, ce chemin dallé serpente aimablement parmi les plantes méditerranéennes, dont *Echium fastuosum* aux épis pourpres, *Ballota acetabulosa* argentée et *Lavandula stoechas* parfumée.**

Excellentes figures de proue, la spartine (*Spartina pectinata* 'Aureomarginata'), panachée de jaune, et le ruban-de-bergère (*Phalaris arundinacea picta*), vert et blanc, acceptent également le bord de mer : vous les emploierez un peu partout, répétées dans le jardin, en ponctuations herbeuses.

Songez aussi aux graminées et carex parmi les vivaces. Les fétuques s'assemblent en moutonnant et les pennisetums formeront des figures dominantes.

Quand on s'éloigne du rivage, le sol s'améliore, bien qu'il reste sableux et perméable. Même après la pluie, le vent sèche la surface instantanément et les plantes doivent être très sobres. Vous pourrez amender votre terrain, avec le temps, à l'aide d'herbes qui le fixeront et de matières organiques ensevelies. En jardins dégagés, privilégiez la flore indigène, qui protège au maximum le sol contre l'érosion. Au fil des ans, remplacez les plantes mortes par des vivaces de votre choix.

Malgré ces contraintes, les plantes du rivage donnent au jardin un style cohérent et inhabituel. Le climat côtier est plus clément que l'intérieur des terres, avec moins de grand froid. Les régions douces, comme le bord brûlant de la Méditerranée, permettent d'élargir le choix de plantes, l'humidité de l'air et la lumière se révélant des trésors. Loin des graminées, là où le sol est meilleur, vous pouvez songer à une riche liste de vivaces dont les chardons bleus (*Eryngium*), les armérias (*Armeria maritima*) et *Iris douglasii*, bleu, proche des espèces indigènes. *Echium* et *Limonium platyphyllum*, à denses inflorescences bleues ou lilas sur des feuilles sombres, conviennent également. Les lupins, crocosmias, anaphalis, scabieuses bleues ou crème, les boules azurées (*Echinops*), *Echinacea*, lantanas, ostéospermum et gazanias feront de jolis apports.

Il y a deux façons de planter en bord de mer. Vous pourrez retenir les vivaces, décrites plus haut, plantées en groupes lâches. Mais vous avez aussi la possibilité de créer un micro-climat où les plantes fragiles se blottiront parmi des buissons protecteurs, résistant au vent, persistants si possible, tels qu'escallonias, griselinias, pittosporums, romarins, hortensias, fuchsias, potentilles, lavandes et lavatères, qui ont en outre l'avantage d'être décoratifs.

**Jardins en terre acide** Les sols sans calcaire ont des pH de 6,9 à 4,5, indice des terrains acides, tourbeux, peu drainés, mais parfois sableux ou argileux. Dans le doute, analysez le sol et observez les plantes spontanées. Les fougères, trilliums et bruyères d'une lande ou d'un bois indiquent tous l'acidité. Les témoins, dans un jardin, sont les persistants du type rhododendron, piéris, skimmias, magnolias et camélias. Les bruyères, couvre-sols des landes désolées, ne peuvent être oubliées dans cette catégorie. Elles sont parfaites pour certains jardins urbains et, si elles sont bien choisies, donneront des couleurs toute l'année.

Certains arbres apprécient l'acidité, avec des besoins secondaires variables. *Stewartia pseudocamellia* à fleurs blanches, *Styrax japonicus* et ses clochettes, *Embothrium coccineum*, chilien, persistant à fleurs vermillon, et *Drimys winteri*, ivoire au printemps, préfèrent les sous-bois frais. Les bouleaux, châtaigniers et acacias aiment mieux la sécheresse et de nombreux conifères également demandent de l'acidité, le type de sol pouvant cependant varier. Mais les rhododendrons et azalées sont les chefs de file du genre. En sols acides, humides mais drainés, et humifères, ils produisent des masses de fleurs somptueuses de toutes couleurs. Ils vont de l'arbre à l'arbrisseau et, comme chez les vivaces, plus leurs feuilles sont grandes, plus ils demandent d'ombre. *Rhododendron sinogrande*, de 15 m de haut, est un arbre de sous-bois, ainsi que *R. macabeanum*, à fleurs jaunes. *R. cinnabarinum*, à feuilles bleutées et fleurs pendantes tubulaires, est plus modeste, comme

Ci-dessus

**Les touffes de *Trillium sessile* aux fleurs acajou s'associent à *Erythronium* 'Pagoda', jaune, et à *Anemone nemorosa*.**

Ci-dessus

**Un sol acide est indispensable à *Erica carnea* 'Pink Spangles', *E. c.* 'Springwood White' et *E. c.* 'Vivellii'.**

À droite, grande photo

**Cette allée bordée de rhododendrons et d'azalées ne peut exister qu'avec un sol acide.**

À l'extrême droite

**Ce champ de clochettes bleues est souligné d'azalées de Gand, à l'arrière-plan.**

les hybrides de *R. yakushimanum* et *R. impeditum*, nain, coloré de rouge, rose, jaune, bleu laiteux et blanc.

Les azalées sont souvent plus chaleureuses, avec, en plus, de somptueuses parures d'automne. Prenez les amateurs de soleil, comme l'azalée *Rhododendron austrinum* 'Betty Anne Voss', rose, ou bien les persistantes d'ombre, dans des tons soit froids – rouge et rose bleutés – tel *R. hunnewellianum* 'Blue Danube', soit chauds, tel *R. h.* groupe Gibraltar. Leurs partenaires arbustifs comprendront *Exochorda* x *macrantha* 'The Bride', des camélias blancs, roses ou rouges, *Kalmia latifolia* et *Kolkwitzia amabilis*. *Fothergilla major* aux fleurs blanches parfumées et *Clethra alnifolia* 'Rosea', rose foncé, sont également bons camarades. Ils seront ravissants, dans les sous-bois, avec des fougères, clochettes, arums sauvages, digitales et autres lis.

**Jardins en terre alcaline** Les sols alcalins ont un pH de 7,1 ou plus et apparaissent plutôt sur un sous-sol crayeux ou calcaire. La terre est maigre, sèche et pauvre en fer et en magnésie et les plantes, incapables d'obtenir ces derniers, y deviennent chlorotiques. Les crucifères, clématites, hélianthèmes, scabieuses, iris des jardins et nombre d'œillets sont adaptés aux sols calcaires perméables. Mieux vaut s'en contenter et se rappeler que les amendements sont bienvenus. Enfouissez fumier ou terreau pour améliorer structure, alcalinité, rétention d'eau et de nutriments. Ajoutez du compost chaque année, plus un peu de fer et un engrais complet deux ou trois fois dans la saison.

À gauche, grande photo
**Les plantes herbacées foisonnent dans ce jardin bien tenu. On y trouve de hautes digitales (*Digitalis*), *Campanula persicifolia*, bleue, et de délicats œillets roses.**
En médaillon, à gauche
**Phlox, érigérons et acanthes s'entendent bien dans ce sol modérément alcalin.**
Ci-dessous
**Ce sol est à base essentiellement calcaire, idéale pour ces fleurs à dominante rose : penstémons, achillées, sauges, avec le chardon argenté (*Onopordum acanthium*).**

Excepté les vraies calcifuges, la liste des plantes est interminable. Retenez les arbustes accommodants, supportant le calcaire, comme les berbéris, pyracanthas et buddléias. Les feuillages denses, comme celui de l'arbre à perruques (*Cotinus coggygria*), donnent un bon fond. Les céanothes et cistes, amateurs de soleil, fleurissent abondamment en sol drainé, légèrement alcalin. En plein été, vous pourrez profiter de la beauté des althéas (*Hibiscus syriacus*), blancs, roses ou bleus.

Des arbustes odorants comme les lilas (*Syringa*) sont également bien adaptés : *S. vulgaris* 'Charles Joly', pourpre, ou le trapu *S. microphylla* 'Superba' se marieront à *Philadelphus* 'Beauclerck' et *P.* 'Virginal', parfumés. Le laurier-sauce (*Laurus nobilis*) porte des feuilles aromatiques luisantes, et les fleurs blanches de *Sarcoccocca hookeriana humilis* emplissent l'air de leur senteur en hiver.

Sur cette trame arbustive, des vivaces viendront enjoliver l'été, dont les achillées, telles *Achillea filipendulina* 'Gold Plate' et *A.* 'Moonshine', plus claire, dont les têtes plates contrastent avec les épis de *Salvia nemorosa* 'Ostfriesland', bleu-violet, et les fusées des cultivars de *Veronica spicata*.

Les œillets demandent du calcaire pour donner leur gamme de feuillages et de fleurs, tout comme *Scabiosa caucasica* 'Clive Greaves', bleue, et *S. c.* 'Miss Willmott', blanche, voire crème ou rose. Les campanules apprécient ce sol : *Campanula persicifolia* est délicatement aérée, *C. lactiflora* 'Prichard's Variety' est exubérante et *C. l.* 'Loddon Anna' porte des tons roses. La fausse valériane aux fleurs roses ou blanches (*Centranthus ruber*) et les neigeuses gypsophiles blanches poussent bien. À la différence d'autres espèces pour terres fraîches, les *Iris germanica* hybrides apprécient le calcaire et le drainage. En enrichissant le sol, vous acclimaterez également marguerites, géraniums, sidalcées, phlox, rudbeckias, verbascums, pérovskias, pavots, tritomes, giroflées et verges d'or. En automne, les asters sont en pleine floraison ; ils poussent bien en sol calcaire et apprécient un peu d'humidité.

Ci-dessus
**Le sol sec, alcalin, de ce massif est un milieu adéquat pour les stachys, vipérines, hélichrysums et les ails, ici en graines.**

Les bulbes, amateurs de drainage, s'accommodent aussi de sols alcalins s'ils ne sont pas glaiseux. Les lis asiatiques comme *Lilium regale*, blanc, sont parfaits et, en sol léger, poreux, les ails apportent graphisme et structure.

# CROISSANCE ET COMPORTEMENT

Quand on fait le plan d'un jardin, on devrait toujours penser dès le départ à son évolution future. Les végétaux sont souvent plantés trop serré, mais l'erreur n'est parfois pas constatée avant dix ans, voire une vie entière, pour les arbres. Bâtir avec des matériaux vivants implique de prendre en compte le temps

qui passe. Songez à la durée de vie probable de vos plantes, surtout des arbres et arbustes, et laissez-vous guider par la nature. Les plantes ont leurs façons d'être, du chèvrefeuille vagabond aux couvre-sols voyageurs. Être capable de s'adapter à la beauté naturelle est le don le plus précieux du jardinier.

À gauche
**Le principe de ce jardin japonisant est de dompter le port naturel des végétaux tels que pins et genévriers par une taille prudente.**

Ci-dessus
**Des plantes inamovibles comme *Rosa* 'Elizabeth of Glamis', *Lavandula stoechas* et les panicauts sont secondées par des alchémilles et des ails.**

**CROISSANCE DES VÉGÉTAUX**

Comme tous les êtres vivants, les plantes ont un développement programmé, qui dépend de diverses conditions. Les jardins équilibrés sont ceux qui sont peuplés de végétaux heureux, assez espacés pour avoir acquis leur port typique sans être étouffés par leurs voisins.

Nombre d'arbustes ont des allures d'arbres. De fait, des magnolias peuvent mesurer 6 m de haut et le marronnier rouge (*Aesculus pavia* 'Atrosanguinea') 5 m, même si leur feuillage va jusqu'au sol, comme celui des buissons. D'autres s'étalent autant qu'ils grandissent. Des arbustes moyens comme le précoce *Corylopsis pauciflora*, jaune, *Prunus laurocerasus* 'Otto Luyken', persistant, et les hamamélis s'étalent largement. Nombre d'hydrangéas, saules arbustifs et viornes ont également un port large, branchu. À l'opposé, les vivaces herbacées ont toute sorte de ports : il en existe des élancées, comme les digitales et les iris, alors que d'autres, du type hosta, bergénia et brunnéra, s'étalent sur le sol, supprimant les gêneurs sous leur feuillage. Certaines herbacées, comme les pivoines, forment des touffes qui augmentent peu à peu ; d'autres, comme les fraisiers (*Fragaria*), envoient des stolons, tiges horizontales qui s'enracinent en touchant le sol.

Sous la surface, les racines ancrent la plante et s'enfoncent profondément à la recherche de nourriture, horizontalement ou verticalement. Audessus, la lumière attire les végétaux, toujours vers le haut, de sorte que même les plus étalés profitent d'un maximum de luminosité pour leurs besoins. L'extension d'une plante est liée aux taux de lumière, d'eau, de minéraux et d'oxygène. Nous pouvons lui fournir tout cela pour lui assurer une croissance saine, optimale. De fait, la tradition veut que nous améliorions le sol et apportions de l'engrais pour favoriser une végétation luxuriante. Certains végétaux poussent plus vite et plus que d'autres, mais laisser survivre les plus adaptés n'est pas forcément la bonne philosophie pour le jardin, à moins que vous n'aimiez orties et oseilles sauvages.

Ci-contre en haut

**Ces somptueux tons d'automne, dans ce massif de rudbeckias, d'achillées, de montbrétias et d'héléniums, vont laisser la place aux tons parcheminés de la fin de l'automne et de l'hiver, caractéristiques chez les vivaces.**

En bas

**Les arbres et arbustes persistants sont précieux toute l'année. Ce large *Catalpa bignonioides* 'Aurea', caduc, lui, émet tard ses feuilles et les perd relativement tôt en automne.**

Maîtres du lieu, nous devons y juguler les plantes trop luxuriantes ou trop envahissantes. Sans surveillance, certaines, comme *Geranium macrorrhizum* ou *Phalaris arundinacea picta* font d'excellents couvre-sols, mais leurs rhizomes envahissent tout. Quelques pensionnaires très vigoureuses, mises en compétition, se réguleront d'elles-mêmes : ainsi, des envahisseuses comme *Alchemilla mollis* passent un pacte avec *Euphorbia amygdaloides robbiae*.

Les plantes ne savent pas lire, et elles ignorent qu'elles sont censées avoir une forme et une taille bien définies ; certaines vont même jusqu'à oublier qu'elles sont supposées mourir et vivent plus longtemps que prévu ! Nous, nous « savons », car des experts nous ont informés. Les dimensions mentionnées dans l'ouvrage sont données à titre indicatif, car un même type de plantes peut donner naissance à des spécimens de tailles différentes. Nous ne travaillons pas dans le marbre, comme je l'ai souligné, et la nature a son mot à dire.

Bien placées, dans de bonnes conditions, les plantes croissent et embellissent magnifiquement. Un bon exemple est donné par *Phormium tenax*. Il atteint 3 m de haut en Nouvelle-Zélande, sa patrie, alors qu'en Europe, moins accueillante, il se limite à 1,80 m. Par ailleurs, nous avons tous vu des plantes devenir rachitiques car balayées par des vents violents ou dénutries. Ce type de réduction peut être transformé en art – c'est le cas pour les bonsaïs japonais. On peut réduire la pousse, voire provoquer la floraison en créant de mauvaises conditions. Les capucines annuelles, par exemple, sont bien plus florifères en sol maigre, pauvre, que dans un riche humus, où elles ne donnent pas un bouton. Si vous jardinez en harmonie avec vos plantes, si vous accédez à leurs moindres désirs et les installez dans le meilleur endroit, elles vous récompenseront au-delà de toute espérance en devenant bien plus fortes et belles que vous ne l'auriez espéré.

Ci-contre, en haut

**Le superbe feuillage jaune et vert de *Astrantia major* Sunningdale 'Variegated' se montre sous son meilleur jour, et les feuillages teintés d'or de *Ribes* et de *Spiraea* renforcent la coloration du tableau.**

En bas

**Les conifères donnent un spectacle permanent par leurs divers tons de vert, bleu et argent. Ils offrent un grand choix de formes intéressantes, retombantes, en boule ou étalées, et tout un éventail de matières, intéressantes à voir ou à toucher.**

### PLANTATIONS EN DEUX TEMPS

Pour créer un paysage qui soit durablement plaisant, il faut réfléchir d'une manière pragmatique. Si vous respectez le caractère changeant des plantes et si vous leur laissez de la place, vous obtiendrez des associations réussies. Certaines plantes arrivent remarquablement vite à l'adolescence, d'autres prennent leur temps pour démarrer. Pour remédier à cela, vous pouvez réaliser des plantations temporaires. Plantez sur plusieurs niveaux, tant en profondeur qu'en hauteur. Les arbres, par exemple, donnent tout de suite un air adulte, surtout avec de gros sujets. Même les petits jardins prennent un aspect « établi » avec un petit arbre à fleurs, les plus grands accueillant des chênes, des frênes ou des hêtres. Pour un bon équilibre des proportions, renseignez-vous toujours sur la taille adulte du sujet acheté.

L'emplacement de l'arbre fait naître des zones d'ombre et de lumière et détermine donc le choix des autres plantes. Les bouleaux, eucalyptus, savonniers (*Koelreuteria paniculata*), *Amelanchier lamarckii* et l'ailanthe (*Ailanthus altissima*), par exemple, s'installent vite. Les arbres plus lents comme l'érable japonais, le ginkgo et l'arbre-aux-mouchoirs (*Davidia involucrata*) demandent du temps et de l'espace pour faire de l'effet. Si vous ne voulez pas attendre, plantez temporairement, à proximité, des arbustes à pousse rapide, pour donner du volume et de l'ombre. Assurez-vous toutefois qu'ils ne priveront pas l'arbre de lumière, d'air et d'eau.

Pour les arbustes, tenez compte, également, de leur volume supposé à dix ans pour les espacer correctement. Les gros arbustes comprennent les lilas et seringats odorants ainsi que les buddléias, lavatères, cotonéasters et pyracanthas. Le grand *Viburnum rhytidophyllum* et *Chimonanthus praecox*, *Myrica pennsylvanica* et le mûrier blanc (*Morus alba*) tortueux ont tous une allure reconnaissable. Ils forment l'ossature d'un jardin mais leurs végétations et durées de vie varient. Les buddléias, kerrias, pyracanthas, cornouillers (*Cornus mas*) et de nombreux rosiers arbustes poussent vite, tandis que les magnolias, piéris, mahonias (*Mahonia aquifolium*) et érables japonais prennent leur temps. Soyez patients, vous y gagnerez en beauté. Mieux vaut introduire ces plantes lentes et ajouter, pour garnir, des annuelles, vivaces et bulbeuses que vous enlèverez en partie quand les arbustes prendront leurs marques, quatre ou cinq ans plus tard.

Ci-dessus

**Arbres et arbustes servent de fond à des euphorbes et des alchémilles, ainsi qu'à nombre de vivaces apparaissant en été.**

Ci-contre, en haut à gauche

**Cette haie est l'arrière-plan pour Rosa ' Pink Bells' et 'Tuscany Superb'. L'alchémille et les panicauts offrent rapidement leurs couleurs pour l'été.**

Ci-contre, en haut à droite

**Les delphiniums violet clair ont vite donné de la hauteur à cette plate-bande estivale ; les tritomes, un peu plus bas, répètent leur silhouette.**

Ci-contre, en bas

**Autour d'un simple banc de bois, ce verdoyant jardin va évoluer au cours des saisons. En été, *Macleaya cordata* est devenu très grand et *Hydrangea paniculata* attire nombre de regards.**

Les arbrisseaux tels que lavandes, deutzias, daphnés, potentilles, cistes et rosiers « paysage » viennent ensuite, en plantes « secondaires ». En complément des « primaires », qui forment la structure, ils assureront les finitions.

Ces plantes secondaires donnent du relief et de la matière, et couvrent le sol de leurs feuilles et fleurs en trois ans ; ce sont surtout des vivaces herbacées, mais les annuelles, bisannuelles, plantes à massif et bulbes ont leur mot à dire. Certaines ont une vigoureuse nature, ce qui nécessite votre intervention si elles étouffent leurs compagnes plus lentes. Au bout de deux ou trois ans, en automne, vous pourrez éclater les grosses touffes. Nombre de couvre-sols bas comme les tiarellas, géraniums, muguets (*Convallaria majalis*), aspérules (*Galium odoratum*), *Liriope* et *Ajania pacifica* conquièrent vite la surface du terrain ; les herbes rhizomateuses font de même et ne savent pas s'arrêter.

À l'ombre, en sol toujours frais, les anémones du Japon, astrances, hémérocalles, acanthes, ligulaires et astilbes pousseront très vite. Au chaud et au sec, les armoises tapissent le sol avec rapidité, comme les euphorbes (*Euphorbia*), qui comprennent l'impressionnante *Euphorbia characias* et *E. griffithii* 'Fireglow', traçante. À l'aise en plein soleil, *Sedum* 'Herbstfreude' forme des grosses touffes à la hâte ; les rudbeckias, en sol frais, s'étendent

vite par leurs rhizomes, ainsi que l'eupatoire (*Eupatorium purpureum*), qui occupe rapidement la place. Pour les feuillages linéaires, le vigoureux *Iris pseudacorus* et les crocosmias donnent des résultats en peu de temps. Les phlox, notamment *Phlox paniculata* 'Fujiyama', blanc, et *P.* 'Caroline van den Berg', lilas, sont également une merveille partout, formant de belles touffes qui atteignent souvent 90 cm de haut.

Les plantes qui se ressèment peuvent pareillement pousser assez vite, en deux ans parfois : les valérianes, sisyrinchiums, alchémilles, ancolies et lavatères en sont de bons exemples. Pour les massifs, le désherbage est une tâche constante les deux premières années, mais les vivaces apprécieront un sol propre. Elles en viendront à écarter les adventices elles-mêmes et le désherbage consistera alors simplement à refréner les vivaces envahissantes.

À gauche

***Atriplex hortensis rubra*, les giroflées et les sauges, parmi les ligulaires, les aunées, les monardes et les héléniums, produisent un bel effet estival.**

Ci-dessous

**Tabacs d'ornement et pétunias mauves servent de « bouche-trous » pour l'été.**

Ci-dessus

**Cette jolie bordure pastel est pleine de rosiers densément entrelacés de pigamons, de molènes et de fausses valérianes. La terre sera complètement cachée vers le milieu de l'été.**

Les annuelles, vivaces gélives, bisannuelles et bulbeuses figurent parmi les garnitures temporaires idéales. Vous avez le choix avec les narcisses, myosotis, tulipes et consoudes qui rempliront les coins vides, au printemps. En été, les cosmos, roses trémières, agapanthes, tabacs, cléomes, ails et amaranthes donneront des masses élevées. Parmi les plus petites, retenez les pétunias, pensées, pavots et mufliers (*Antirrhinum*), qui feront bonne figure jusqu'à l'arrivée des grands froids.

Quand le jardin prend de l'âge, certaines plantes primaires doivent être déplacées. Si on les repère tôt, on peut les réinstaller au fil des ans. Ce qui veut dire que certains trous peu esthétiques peuvent être masqués momentanément pendant que les nouveaux venus s'installent. Il va de soi qu'un jardin est en perpétuel mouvement, mais c'est un des plaisirs du jeu. Soyez simplement attentif lorsque vous mélangez des bulbes et des vivaces et séparez-les aux premiers signes d'hostilité.

**Les rapports de taille** Ce jardin champêtre fleurit une partie d'un terrain de deux hectares. Les plantes peuvent donc s'y développer à l'aise. En attendant l'âge adulte de la plate-bande, on la remplit, le premier été, de plantes à massifs, bisannuelles et annuelles de différentes formes, textures et couleurs, pour donner une illusion de maturité.

Les arbustes de base, comprenant *Photinia* x *fraseri*, persistant, *Philadelphus* 'Belle Étoile', parfumé, et les petites lavandes grises (*Lavandula angustifolia* 'Hidcote'), restent relativement petits au début. *Robinia pseudoacacia* 'Frisia' demandera quelques années pour s'établir, mais son feuillage doré est repérable dès son jeune âge, passant du jaune doux, au printemps, au chartreuse, en été, puis au rouille doré, en automne.

Les autres plantes permanentes sont herbacées. Des motifs répétés de tritomes, sisyrinchiums et lavandes s'affirment peu à peu, mais, en attendant, des plantes à effet graphique immédiat donnent son caractère au massif. Jusqu'à ce que delphiniums et pigamons aient pris leurs places, vous pourrez obtenir un aspect dense à l'aide de grandes plantes donnant de l'étoffe instantanément. Retenez les roses trémières (*Alcea rosea*), qui se ressèment et atteignent 1,50 m dans la saison. Si vous voulez des résultats rapides, semez-les en fin d'hiver et plantez dès la fin des gelées.

Pour rappeler ces formes élancées, en plus court, *Salvia farinacea* 'Victoria', vivace, durera tout l'été. Les tiges hérissées des cléomes (*Cleome hassleriana*) sont terminées par une tête particulière, arrondie, d'où jaillissent les longues étamines filiformes.

Tandis que népétas, achillées et anthémis s'installent, les formes et les volumes sont assurés par des plantes comme *Cosmos bipinnatus* blanc. La gamme colorée est fondée sur les jaunes, primevère et citron, avec du blanc et du bleu pâle. Les feuilles vert vif du cosmos se confondent avec celles, plumeuses, de *Argyranthemum* 'Jamaica Primrose', dont les marguerites donnent un relief plat ; *Osteospermum* 'Buttermilk', demi-rustique, est également réussi.

**Premier été**

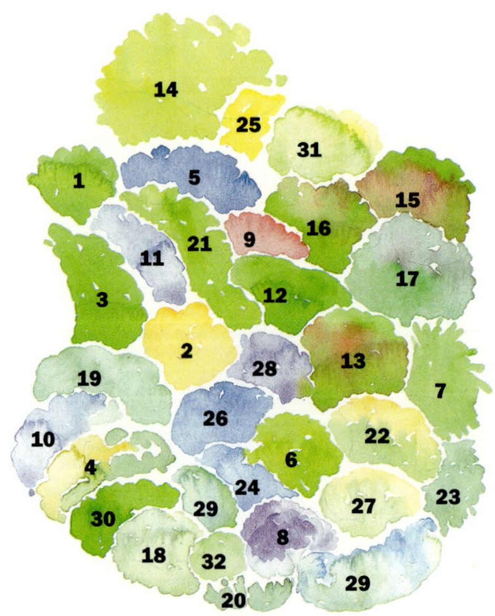


**Premier été,** en haut Dans le premier été, des pensées forment des masses denses de couleurs, pendant que les acteurs principaux prennent place. Les pensées en miniature de *Viola cornuta* groupe Alba et celles de *V.* x *wittrockiana* 'Azure Blue', plus grosses, tapissent le sol ; bien qu'associées d'ordinaire au printemps, elles peuvent, bien nettoyées, fleurir jusqu'en plein été. Leur bleu pâle est repris par *Geranium wallichianum* 'Buxton's Variety', qui s'infiltre chez ses voisins. Le lin vivace bleu (*Linum parenne*), également présent, demande quelques soins.

Légende (H = hauteur ; É = étalement)

**1.** *Aconitum carmichaelii* 'Arendsii', H : 1,50 m ; É : 30 cm
**2.** *Achillea* 'Coronation Gold', H : 90 cm ; É : 60 cm
**3.** *Achillea ageratum* 'W. B. Childs', H et É : 60 cm
**4.** *Anthemis tinctoria* 'E.C. Buxton', H et É : 90 cm
**5.** *Delphinium* 'David's Magnificent', H : 2 m
**6.** *Tanacetum parthenium* 'Flore Pleno', H : 30 cm ; É : 60 cm

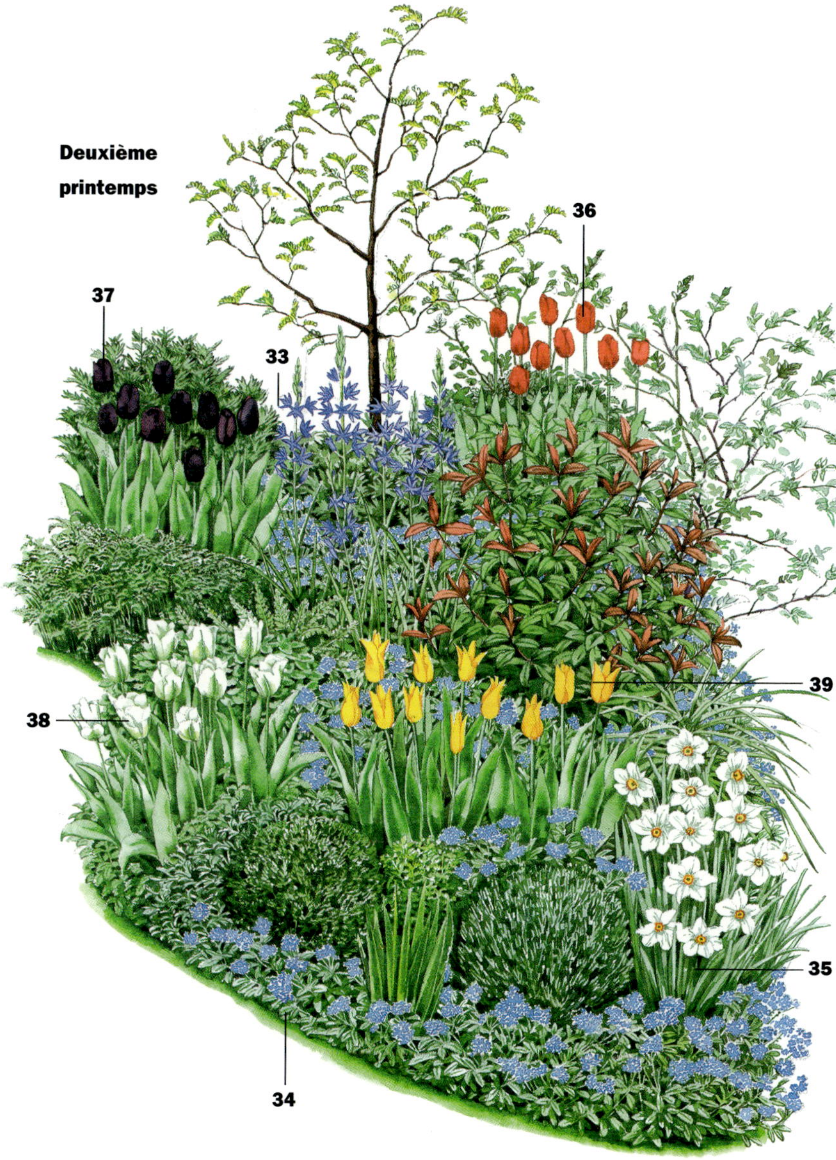


**Deuxième printemps,** à gauche Au printemps suivant, des bulbes précoces assureront la garniture jusqu'à l'installation des vivaces estivales. Les grandes tulipes sculpturales maintiennent le dessin de verticales et percent le feuillage printanier de nombreuses vivaces. Les jeunes feuilles du photinia, par exemple, sont sous leur meilleur jour à cette époque de l'année, renforcées ici par le rouge des tulipes 'Couleur Cardinal', hâtives. Les tulipes tardives suivront, dans une nappe libre de myosotis bleus (*Myosotis alpestris*) répondant vivement au grand *Camassia cusickii*, au fond. Ce joli bulbe dure de surcroît plus longtemps qu'aucune tulipe.

**Troisième été,** ci-dessus Pour le troisième été, la charpente d'arbustes est bien établie. Outre les garnitures habituelles de vivaces et d'annuelles, quelques plantes ont été ajoutées pour varier le dessin, dont *Iris pallida* panaché, *Nicotiana langsdorfii*, à fleurs vertes, les boules épineuses de *Echinops ritro* 'Veitch's Blue', un pavot annuel rose (*Papaver somniferum*) et, à droite, l'élégant *Penstemon* 'Pennington Gem' rose.

**7.** *Kniphofia* 'Primrose Beauty', H : 90 cm ; É : 45 cm
**8.** *Lavandula angustifolia* 'Hidcote', H et É : 75 cm
**9.** *Lychnis chalcedonica*, H : 90 cm ; É : 45 cm
**10.** *Nepeta* 'Six Hills Giant', H et É : 60 cm
**11.** *Nepeta sibirica* 'Souvenir d'André Chaudron', H et É : 45 cm
**12.** *Philadelphus* 'Belle Etoile', H : 1,80 m ; É : 1,50 m
**13.** *Photinia x fraseri* 'Red Robin', H : 6 m ; É : 4 m
**14.** *Robinia pseudoacacia* 'Frisia', H : 15 m ; É : 7 m
**15.** *Rosa* 'Danse du Feu', H et É : 2,50 m
**16.** *Rosa* 'Schoolgirl', H : 2,50 m ; É : 2 m
**17.** *Rosa glauca*, H : 1,80 m ; É : 1,50 m
**18.** *Santolina pinnata neapolitana*, H : 2,50 m ; É : 90 cm
**19.** *Sedum spectabile* 'Brilliant', H et É : 30-45 cm
**20.** *Sisyrinchium striatum*, H : 75 cm ; É : 90 cm
**21.** *Cosmos bipinnatus* (blanc), H : 70 cm ; É : 45 cm
**22.** *Argyranthemum* 'Jamaica Primrose', H et É : 90 cm
**23.** *Cleome hassleriana*, H : 1,20 m ; É : 45 cm
**24.** *Geranium wallichianum* 'Buxton's Variety', H : 30-45 cm ; É : 90 cm
**25.** *Alcea rosea*, H : 1,50 m ; É : 60 cm
**26.** *Linum narbonense*, H : 30-60 cm ; É : 30 cm
**27.** *Osteospermum* 'Buttermilk', H : 60 cm ; E : 30 cm
**28.** *Salvia farinacea* 'Victoria', H : 90 cm ; É : 30 cm
**29.** *Viola* x *wittrockiana* 'Azure Blue', H et É : 20 cm
**30.** *Viola cornuta* groupe Alba, H et É : 20 cm
**31.** *Thalictrum flavum glaucum*, H : 1,20-1,50 m ; É : 60 cm
**32.** *Calamintha nepeta nepeta*, H : 45-60 cm ; É : 60-90 cm
**33.** *Camassia cusickii*, H : 20-80 cm ; É : 20-30 cm
**34.** *Myosotis alpestris*, H et É : 20 cm
**35.** *Narcissus poeticus recurvus*, H : 40 cm
**36.** *Tulipa* 'Couleur Cardinal', H : 60 cm
**37.** *Tulipa* 'Queen of Night', H : 60 cm
**38.** *Tulipa* 'Spring Green', H : 35-50 cm
**39.** *Tulipa* 'West Point', H : 50 cm

## DES PLANTES TOUTE L'ANNÉE

Le jardinage peut être comparé à l'écriture d'une orchestration subtile, voire d'une mise en scène, pour créer un charme saisonnier. Chaque plante a un rôle et, en multipliant ceux-ci, on aura le plaisir de posséder toujours un jardin attrayant.

Les végétaux réagissent à la durée de la luminosité diurne et, en début d'année, beaucoup sont adaptés à des journées courtes. Les changements saisonniers influent sur leurs rythmes biologiques. Les plantes sous les tropiques, par exemple, ne cessent de croître ;

ailleurs, ce sont les persistants qui fournissent un fond permanent. Ceux des végétaux qui ont une période dormante ne s'éveillent pas tous en même temps : intéressant pour le jardinier...

C'est le printemps qui est le début de l'année au jardin, pas le mois de janvier. Les hellé-borines, perce-neige et narcisses hâtifs sont une avant-garde prometteuse, tandis que les plantes herbacées – hellébores, brunnéras, bergénias – accompagnent les précoces forsythias, daphnés, hamamélis, camélias et cognassiers du Japon (*Chaenomeles japonica*). *Magnolia grandiflora*

'Edith Bogue' refleurit par instants après la première vague printanière. Une continuité de ce type est précieuse. Le printemps est à son zénith lors de la floraison des cerisiers, pommiers et sorbiers, avec à leurs pieds les cœurs-de-Marie, giroflées, pulsatilles, primevères et doronics. La floraison ininterrompue des narcisses, tulipes, épimédiums et *Euphorbia robbiae* dure jusqu'à l'approche de l'été.

Les étés sont parfois capricieux, mais, le plus souvent, cette saison est synonyme de floraison en cascades tout au long de la saison.

Page ci-contre, en haut
**Pas de scène printanière sans les précieux narcisses mêlés de tulipes et de myosotis.**
Page ci-contre, en bas
**Les érémurus atteignent une belle taille, en juin, alors que les fleurs de *Iris* 'Flying Squadron' et *I. pallida* 'Variegata' vont bientôt disparaître, en ne laissant que leurs feuilles décoratives de longue durée.**
Ci-dessous
**Cette plate-bande est montrée à son sommet, avec de hauts delphiniums bleu pâle dominant des épis pourpre foncé de sauges. Le tableau comprend également des rosiers, tels que *Rosa* 'La Ville de Bruxelles', flanqués de *Dianthus* 'Laced Monarch' et de l'élégant *Stipa barbata*.**

Les arbustes ouvrent le bal. Les rhododendrons tiennent la vedette en sol acide ; ailleurs, les choisyas, cytises, pivoines, lilas et weigélias sont suivis de près par les buddléias, cistes, deutzias et seringats. Les plantes herbacées leur emboîtent le pas avec le réchauffement de l'air et du sol. Myosotis et ancolies cèdent la place aux alchémilles, gypsophiles, delphiniums, lupins, œillets et pavots. Diverses formes de géraniums, campanules, ails, iris et grandes marguerites (*Leucanthemum* x *superbum*) serviront à prolonger encore la saison.

Ci-dessus
**Ce *Parthenocissus* est un fond cuivré parfait pour *Dendranthema* 'Cottage Apricot'.**
Ci-contre
***Salvia viridis* se marie bien aux éryngiums, aux dahlias et aux pélargoniums.**
En bas, à droite
**Un tardif *Dahlia* 'Bishop of Llandaff' rouge velouté.**

Les glycines fleurissent en fin de printemps, en se croisant avec *Clematis montana*. Comme pour les bulbes, il y a des clématites pour toutes les saisons, depuis l'hivernale *Clematis cirrhosa balearica* jusqu'à la printanière *C. alpina* et aux estivales « soucoupes » de cultivars comme *C.* 'Madame Lecoultre', blanche, ou *C.* 'Jackmanii Superba', violette, puis, en fin d'été, le groupe de *C. viticella*. Les rosiers grimpants se répartissent aussi sur de longues périodes. Dans l'ensemble, les « sarmenteux », souples, ne fleurissent qu'une fois, alors que les « grimpants » peuvent fleurir deux fois abondamment.

Fin juin, les rosiers sont les vedettes du jardin. Avec à leurs pieds népétas, alchémilles, iris ou lavandes, ils sont magnifiques. Les hybrides à grosses fleurs s'épanouissent durant toute la saison s'ils sont bien nettoyés. Des espèces botaniques comme *Rosa glauca*, au feuillage métallisé, et *R.* x *odorata* 'Mutabilis', aux changements subtils, sont encore de bons choix. Les hybrides modernes sont partisans du naturel et marient la remontance constante avec le port gracieux, les feuillages, les formes de fleurs, les parfums et les baies des cultivars anciens ; *R.* 'Graham Thomas', abricot, et *R.* 'Colette', rose tendre, en sont de bons exemples. On trouve également les rosiers « paysage », épanouis durant des mois dans les petits jardins.

En plein été, il y a moins d'arbustes à fleurs, et l'arrivée des fuchsias, hibiscus et hydrangéas est bienvenue. Les vivaces et les annuelles comme les phlox, delphiniums, alstromères, anthémis, lis, cosmos, tournesols, crocosmias, tabacs d'ornement, nigelles, sidalcées, sauges et verges d'or donnent forme, matière et couleur au jardin.

Plus tard, alors qu'un grand nombre de fleurs sont fanées, les bisannuelles comme la grande épurge (*Euphorbia lathyris*), les molènes (*Verbascum olympicum*) et *Salvia sclarea turkestanica* sont parfaites pour assurer le relais et masquer la terre nue. Puis viennent les agapanthes, aconits, héléniums, rudbeckias, penstémons, cimicifugas et les très tardifs *Schizostylis*. Asters et dahlias achèvent ce spectacle de fin d'été en beauté, comme *Phygelius capensis* et *Verbena bonariensis*, qui doivent toutefois être rentrés ou paillés pour l'hiver. En automne, azalées, fothergillas, fusains, parrotias, vignes et érables fournissent un dernier acte splendide avant l'hiver. Les fruits rouges des rosiers, les baies vives des pyracanthas et des cotonéasters et les perles violettes de *Callicarpa bodinieri* rajoutent de la couleur. Les bulbes, cyclamens, colchiques et nérines, ainsi que les gentianes donnent une touche plus calme.

Grande photo, à droite
**Comme on le voit dans ce jardin très naturel, les plantations printanières ne sont pas composées que de narcisses : elles accueillent aussi les verts lilacés ou les roses délicats de variétés d'hellébores.**
En médaillon, à droite
**Les hellébores rosés et les perce-neige blancs sont de plaisants signes annonciateurs du printemps.**

**Un jardin pour trois saisons** Cette plantation est située autour d'un fossé dans un célèbre jardin anglais dessiné par Margery Fish et soigneusement entretenu par les propriétaires actuels. Il a maintenant cinquante ans et a toujours comporté des coins libres avec des nappes de plantes sauvages mêlées d'ornementales bien choisies, dont l'aspect est tout à fait naturel. Bien que le fossé soit maintenant à sec (par suite d'un proche détournement d'eaux, probablement), le sol est resté frais et, parfois, un filet d'eau rafraîchit son fond boueux.

Le lit est composé d'argile, et la terre est neutre ou alcaline. La litière naturelle offerte par les frondaisons de trois saules tend à en augmenter l'acidité. La crête des talus est bien plus sèche que le fond du fossé, humide, voire vaseux et c'est l'habitat idéal pour des plantes moins assoiffées, comme les narcisses. Les saules têtards, qui semblent veiller sur la plantation, sont pour beaucoup dans la réussite de celle-ci.

Au printemps, avant le débourrement du feuillage, les végétaux disposent de toute la lumière nécessaire, bien sûr. Mais, au fil de la

**Fin d'hiver,** à gauche Quand la vague de floraison estivale n'est encore qu'un espoir, les bords du fossé sont égayés par le feuillage des géraniums, des iris et des clochettes. Les fleurs, à cette époque, sont fournies par des perce-neige (*Galanthus nivalis*) qui s'étalent en larges nappes blanches. Ces petits bulbes aux feuilles rubanées et aux élégantes clochettes apparaissent en cours d'hiver et prospèrent dans la mi-ombre fraîche des saules. Complétant ces floraisons précoces, les hellébores et les pulmonaires (*Pulmonaria*), pourpres ou blanches, font partie des vivaces tout juste épanouies à ce moment de l'année.

**Printemps**

**Printemps,** à droite Les clochettes sont en pleine floraison. Les masses bleues de la jacinthe sauvage (*Hyacinthoides non-scripta*) ont succédé aux nappes blanches des perce-neige. Quelques géraniums sont ouverts, dont *Geranium phaeum*, aux fleurs pourpre foncé, sur le talus. Plus haut et plus au soleil, *G. malviflorum* offre ses coupes, plus grandes, bleu-violet. Le réseau argenté des feuilles d'arum répond aux nivéoles d'été (*Leucojum aestivum*), bulbes précoces aux clochettes blanches à pointes vertes. Le sceau-de-Salomon (*Polygonatum biflorum*, syn. *P. giganteum*) donne également des fleurs blanches, tandis que celles des *Narcissus poeticus recurvus* et *N.* 'Thalia' sont loin d'être fanées. L'ensemble est ravivé par le flambe d'eau, jaune (*Iris pseudacorus*), et le joli vert chartreuse de *Euphorbia amygdaloides robbiae*, qui s'harmonisent au feuillage bronze des épimédiums.

saison, les frondaisons s'épaississant, la lumière est moins dense et l'aspect du jardin change tout autour. Cela implique que des catégories différentes de végétaux se succèdent à cet emplacement, suivant la saison et l'ensoleillement. En tirant habilement parti de ces changements, on crée une scène en évolution constante, vivante du début du printemps au cœur de l'hiver. Ces effets saisonniers se chevaucheront en procurant une floraison continue.

Le talus est abrupt par endroits et le sol y a été retenu par quelques souches qui fournissent des poches naturelles aux plantations. Nombre de végétaux, comme les fougères, lierres et épimédiums, persistants, donnent un solide canevas de feuillage toute l'année. Les vagues de floraisons font leur apparition à travers ce tapis. L'iris gigot (*Iris foetidissima*), persistant, apprécie les sols frais. Rhizomateux, il produit d'étranges fleurs minces, pourpre strié de bronze. Il offre l'avantage supplémentaire de ses fruits écarlates durant tout l'automne. *Arum italicum* 'Pictum', à discrète floraison, porte des feuilles joliment

Légende (H = hauteur ;
É = étalement)

**Plantes à feuillage**

**1.** *Asplenium scolopendrium*, H : 55-75 cm ; É : 45 cm
**2.** *Hedera helix*, H : 10 m ; É : 5 m
**3.** *Polystichum aculeatum* : H : 60 cm ; É : 75 cm

**Fleurs printanières**

**4.** *Hyacinthoides non-scripta*, H : 20-40 cm ; É : 8-10 cm
**5.** *Narcissus* 'Thalia', H : 40 cm
**6.** *Narcissus poeticus recurvus*, H : 40 cm
**7.** *Helleborus orientalis*, H et É : 45 cm
**8.** *Epimedium* x *rubrum*, H : 30 cm ; É : 20 cm
**9.** *Polygonatum biflorum*, H : 1,50 m ; É : 60 cm
**10.** *Arum italicum* 'Pictum', H : 15-30 cm ; É : 20-30 cm
**11.** *Iris pseudacorus*, H : 1,50 m ; É : continu
**12.** *Iris foetidissima*, H : 30-60 cm ; É : constant
**13.** *Leucojum aestivum*, H : 50-80 cm ; É : 10-15 cm
**14.** *Carex pendula*, H : 90 cm ; É : 30 cm
**15.** *Euphorbia amygdaloides robbiae*, H : 45-60 cm ; É : 60 cm
**16.** *Geranium phacum*, H : 75 cm ; É : 45 cm
**17.** *Geranium malviflorum*, H : 75 cm ; É : 60 cm
**18.** *Nectaroscordum siculum*, H : 1,20 m ; É : 30-40 cm

**Plan**
**(au printemps)**

marbrées de crème et de blanc et des baies rouges en fin d'été. Il y a aussi des laîches (*Carex pendula*), espèce vivace semi-persistante à feuilles étroites et épis bruns en été.

Outre ces vigoureuses plantes persistantes, le tableau de fin d'hiver est dominé par les perce-neige (*Galanthus nivalis*), abondamment propagés en nappes blanches qui aident à secouer le sommeil hivernal, pour annoncer le printemps proche. Ces bulbes, cultivés pour leurs délicates clochettes blanches, demandent pour pousser un peu d'ombre ainsi qu'un sol riche et frais. Les autres fleurs, qui ne font que débuter à cette époque, sont les hellébores : l'hellébore d'Orient (*Helleborus orientalis*) est idéal pour cette scène, en sous-bois ombré et en terre fraîche mais perméable.

Le printemps voit ensuite l'apparition des jacinthes des bois (*Hyacinthoides non-scripta*), aux rubans de feuilles vernissées : c'est la saison de pointe pour elles, et leurs fleurs odorantes bleues, blanches ou roses, sont un spectacle stimulant à cette époque. Les narcisses les accompagnent : ces bulbes printaniers ont aussi un joli feuillage effilé. Le narcisse des poètes (*Narcissus poeticus recurvus*), entre autres, porte des fleurs parfumées, blanches à œil jaune et orange. *Geranium malviflorum* et *G. phaeum*, pourpre sombre, apportent des couleurs supplémentaires.

À l'approche de l'automne, la plantation change considérablement, en couleurs comme en textures. C'est à cette saison qu'apparaissent les astilbes ; ces solides vivaces d'arrière-saison sont plantées pour leurs panicules mousseuses qui restent décoratives, même fanées, jusqu'en hiver. Notre fossé a été bordé avec *Astilbe arendsii* 'Irrlicht', blanche, *A. japonica* 'Red Sentinel' et *A. rivularis*, aux souples épis blancs. La forte charpente de ces vivaces contraste nettement avec le tendre feuillage vert des fougères et celui, bleuté, des touffes d'hostas. Ces derniers sont bien rustiques et apprécient ici l'ombre et le sol frais, riche et perméable. Trois variétés ont été installées dans ce massif : *Hosta sieboldiana elegans*, aux feuilles ourlées de bleu, cordiformes, très plissées ; *H.* 'Royal Standard', à feuilles ovales vert uni, luisantes, et le joli *H. undulata albomarginata* (syn. *H.* 'Thomas Hogg'), panaché.

Quelques pensionnaires supplémentaires apportent des couleurs à cette époque de l'année. *Veratrum nigrum*, dressé, parfait en sous-bois, porte ses hauts épis élégants de fleurs chocolat aux étroites feuilles ovales ; sa riche couleur contraste bien avec les astilbes blanches et les petites fleurs ivoire de *Actaea alba* (syn. *A. pachypoda*). Cette vivace en touffes est également gratifiée de baies blanches à tiges rouges en automne, qui prolongent le spectacle.

Légende (H = hauteur ; É = étalement)

**Floraison de plein été**

**19.** *Astilbe* x *arendsii* 'Irrlicht', H : 45-60 cm ; É : 90 cm

**20.** *Astilbe japonica* 'Red Sentinel', H : 60 cm ; É : 90 cm

**21.** *Astilbe* x *arendsii* 'Snowdrift', H : 60 cm ; É : 90 cm

**22.** *Astilbe* x *arendsii* 'Deutschland', H : 60 cm ; É : 90 cm

**23.** *Astilbe* x *arendsii* 'Fanal', H : 60 cm ; É : 90 cm

**24.** *Astilbe rivularis*, H : 60 cm ; É : 90 cm

**25.** *Hosta sieboldiana elegans*, H : 90 cm ; É : 1,50 m

**26.** *Hosta undulata albomarginata*, H : 75 cm ; É : 90 cm

**27.** *Hosta* 'Royal Standard', H : 60 cm ; É : 1,20 m

**28.** *Veratrum nigrum*, H : 1,80 m ; É : 60 cm

**29.** *Filipendula hexapetala* 'Flore Pleno', H : 90 cm ; É : 45 cm

**30.** *Actea alba*, H : 90 cm ; É : 50 cm

**Plan (plein été)**

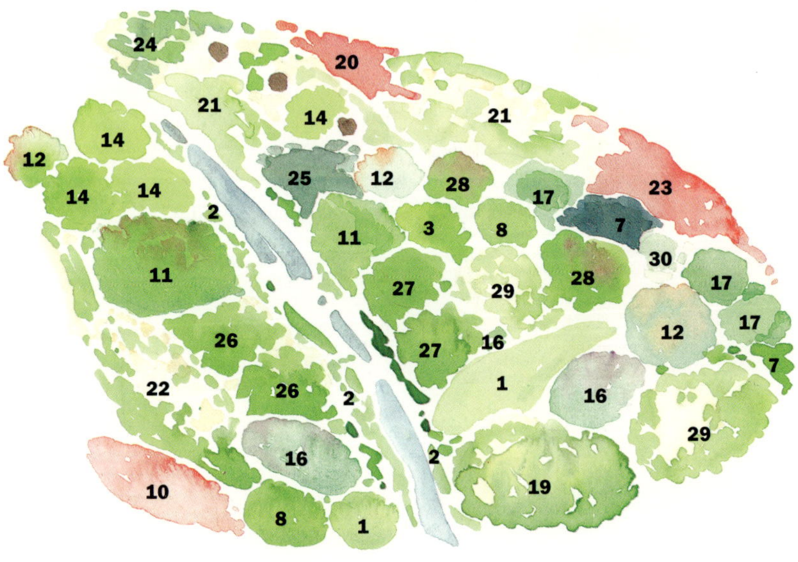

Les feuillages persistants des diverses fougères, des lierres et *Lysimachia nummularia* donnent un décor toute l'année. De surcroît, même quand les fleurs des flambes d'eau (*Iris pseudacorus*), iris gigot (*I. foetidissima*), *Geranium phaeum* et *G. malviflorum* sont fanées, leurs feuilles sont toujours là et le cycle recommence au printemps suivant. Le feuillage du tapissant *Epimedium* x *rubrum* dure encore longtemps après ses fleurs.

**Floraisons de plein été,** ci-dessous Au cours de l'année, la scène a considérablement changé. Les feuillages assurent toujours le canevas avec les sabres verts du flambe d'eau, les hostas en cercles concentriques superposés et les feuilles plissées de *Veratrum nigrum* entourant ses hauts épis marron. Mais les frondaisons serrées des saules relèguent la plupart des fleurs en lisière du fossé, où l'ombre est moins dense. On y trouve une masse d'astilbes légères de diverses couleurs, serrées en bordure du massif. L'arum a perdu ses feuilles, mais offre en échange des épis de baies rouges tandis que *Iris foetidissima* dévoile ses fruits vermillon en taches vives et durables.

**Floraisons de plein été**

## CONSERVER L'ÉQUILIBRE ET L'HARMONIE

L'observation est le mot-clé du jardinage. Ceux qui ont la « main verte » sont simplement attentifs, soignent leurs plantes pour qu'elles atteignent leur développement idéal, et parfois les taillent. Il s'agit là d'un art : on taille pour améliorer l'équilibre, la floraison ou la santé des plantes, ou pour les sculpter à son goût.

Commencez par regarder la forme spontanée du végétal. Par exemple, un cognassier à fleurs (*Chaenomeles*) est naturellement élégant, ramifié avec tant d'allure qu'un spécimen, même isolé, dégagera beaucoup de charme. Le feuillage anarchique des forsythias peut être dégrossi après la floraison, car il s'épanouit sur le bois d'un an et n'a aucune forme. Nombre de jardiniers résolvent le problème en en faisant des haies régulières ou en recépant à ras. Ce sont là les bases de la taille : vous imposez votre volonté en créant quasiment des topiaires, ou bien vous retirez quelques branches pour accentuer le port naturel.

Un arbuste peut avoir, à l'achat, une silhouette déséquilibrée ; la taille en viendra à bout. Les cornouillers d'ornement, comme *Cornus alba* 'Sibirica', et les saules, comme *Salix alba vitellina* 'Britzensis', peuvent être rabattus au printemps un an sur deux. L'élimination des rameaux unis évite aux plantes panachées, telles que *Buddleja davidii* 'Harlequin', de retourner au type. Éclaircir permet aussi au soleil et à l'air de mieux pénétrer. Retirez les bois âgés, abîmés, pour éviter les nécroses, et surveillez les « gourmands » avides.

La couronne de certains arbustes se surcharge avec l'âge et prend un port arborescent. Couper dans le vieux bois les tuerait, mais une taille printanière évitera de voir les branches se développer n'importe comment. Les genêts (*Cytisus*), par exemple, seront travaillés chaque année pour qu'ils restent compacts. Les gros buissons comme les buddléias, envahissants, seront rabattus tous les ans.

Favoriser la floraison des arbres et arbustes est l'objectif premier de la taille. Les fuchsias rustiques, les cératostigmas, les pérovskias, les lavatères ou *Clematis* 'Jackmanii Superba' fleurissent sur le bois de l'année et seront rabattus court au printemps. Les forsythias, deutzias, kolkwitzias et certaines clématites à grandes fleurs s'épanouissent sur des bois d'un an et plus et se verront raccourcir quelques tiges aussitôt après la floraison pour encourager les pousses basales. Les rejets sur lesquels naîtront les boutons l'année suivante apparaissent durant l'été. Les rosiers demandent divers types de taille. Les hybrides de roses-thé ou les rosiers-buissons à grandes fleurs offrent le modèle parfait de la rose. Ils donnent des pousses raides, mais vous pouvez les étoffer en rabattant les tiges à 60-90 cm sur un bourgeon externe. Le cœur de l'arbuste sera ainsi aéré. Les rosiers anciens sont différents : beaucoup sont très hauts et très souples ; leurs fleurs donnent des baies, et la taille sera réduite à un éclaircissage dans le bois vieux ou mort.

Ci-dessus
***Kniphofia* 'Sunningdale Yellow' et *Penstemon* 'Pennington Gem' ne fleurissent qu'une fois ; s'il est taillé, *Anthemis tinctoria* 'E.C. Buxton' remonte.**
Ci-contre, en haut à gauche
**Les armoises devront être rabattues après la floraison et *Rosa* 'Aloha', une fois par an.**
Ci-contre, au milieu
**Les vivaces demandent parfois un nettoyage en automne et une division tous les deux ou trois ans.**
Ci-contre, en haut à droite
***Macleaya cordata*, épanoui, derrière *Phlox paniculata* 'Starfire', sera nettoyé en automne.**
En bas
**C'est une préparation soigneuse en fin d'hiver qui permet d'obtenir, en juin, ce spectacle réussi.**

Les rosiers anciens tels que *Rosa moyesii*, *R. glauca*, les *albas*, Damas, bourbons et *rugosas* ont une forte « personnalité », avec un port, un feuillage, un parfum ou des fruits aussi intéressants que leurs fleurs. Ces caractères font souvent défaut chez les rosiers modernes, mais les récentes recherches s'y attachent, et de nouveaux rosiers-buissons, comme 'Abraham Darby', abricot, ou 'Peach Blossom', rose pâle, sont désormais disponibles. Ces « nouvelles roses anglaises » existent également en carmin foncé, jaune et blanc. Toutes leurs pousses faibles sont éliminées au printemps.

Les buissons trapus comme les daphnés, cistes, choisyas et myrtes demandent un nettoyage. En général, la bonne santé des plantes de ce type demande de réagir au moindre signe de faiblesse et de lutter contre les adventices concurrentes.

**Un plan à 3 ans** Cette belle plate-bande, vouée aux couleurs chaudes, mélange des vivaces et des arbustes pour un brillant effet estival. Les ligneux, permanents, comprennent *Cornus alba* 'Spaethii' et deux rosiers-arbustes, *Rosa moyesii* 'Geranium' et *R.* 'Chinatown', qui se marient bien avec l'ambiance des vivaces. Ces dernières, plantées en groupes, donnent une présence dès le début, mais il faudra attendre trois ans environ pour qu'elles soient adultes. Entre-temps, des annuelles et des plantes à massifs donneront un résultat quasi immédiat.

Les fleurs rouges sont parfaites pour entretenir une chaleureuse vision estivale. Les mufliers, pélargoniums, lobélias et penstémons, non rustiques, sont choisis dans ce but. La remarquable queue-de-renard (*Amaranthus caudatus*) porte des panicules retombantes rouge velouté sur un feuillage dense, vert clair. Les imposants cannas intensifient la couleur et donnent de la hauteur avec leurs longues tiges de fleurs rouge cardinal sur des feuilles couleur bronze ; quoique vivaces, ils seront replantés chaque année. Pour contrebalancer leur sombre feuillage, on a installé des quantités d'arroche rouge (*Atriplex hortensis rubra*). Un ricin (*Ricinus communis*) donne une touche exotique avec ses feuilles graphiques, et la poirée rouge (*Beta vulgaris cicla*), tout aussi frappante, produit de larges feuilles vertes à nervures écarlates. La saison se prolongera avec des dahlias, tel 'Bishop of Llandaff', qui supportent des hivers doux et s'accordent bien aux baies automnales des rosiers botaniques.

Légende (H = hauteur ; É = étalement)

**1.** *Rosa moyesii* 'Geranium', H : 3 m ; É : 2,50 m
**2.** *Rudbeckia laciniata*, H : 1,80 m ; É : 60-90 cm
**3.** *Rosa* 'Chinatown', H : 3 m ; É : 2,50 m
**4.** *Atriplex hortensis rubra*, H : 1,20 m ; É : 30 cm
**5.** *Crocosmia* 'Lucifer', H : 90 cm ; É : 20-25 cm
**6.** *Crocosmia masoniorum*, H : 1,50 m ; É : 30-45 cm
**7.** *Coreopsis verticillata* 'Moonbeam', H : 40-60 cm ; É : 30 cm
**8.** *Solidago* 'Crown of Rays', H : 75 cm ; É : 45 cm
**9.** *Achillea filipendulina* 'Gold Plate', H : 1,20 m ; É : 60 cm
**10.** *Helenium* 'Butterpat', H : 90 cm ; É : 60 cm
**11.** *Helenium* 'Moerheim Beauty', H : 90 cm ; É : 60 cm
**12.** *Cornus alba* 'Spaethii', H : 2 m ; É : 1,80 m
**13.** *Amaranthus caudatus*, H : 1,20 m ; É : 45 cm
**14.** *Canna* x *generalis*, H : 1,20 m ; É : 45-60 cm
**15.** *Dahlia* 'Bishop of Llandaff', H et É : 90 cm
**16.** *Dahlia* 'Blaisdon Red', H et É : 90 cm
**17.** *Lobelia cardinalis*, H : 90 cm ; É : 25 cm
**18.** *Penstemon* 'Garnet', H : 60-75 cm ; É : 60 cm
**19.** *Antirrhinum* (rouge), H : 60-75 cm ; É : 45 cm
**20.** *Ricinus communis*, H : 1,50 m ; É : 90 cm
**21.** *Beta vulgaris cicla*, H : 60 cm ; É : 45 cm
**22.** *Pelargonium* x *hortorum*, H : 60 cm ; É : 45 cm
**23.** *Pelargonium* 'Madame Butterfly', H : 60-75 cm ; É : 45 cm
**24.** *Antirrhinum* 'Black Prince', H : 60-75 cm ; É : 45 cm
**25.** *Lobelia* 'Queen Victoria', H : 90 cm ; É : 30 cm
**26.** *Penstemon* 'Firebird', H : 60-75 cm ; É : 60 cm
**27.** *Petunia* x *hybrida* (rouge), H : 15-30 cm ; É : 30 cm

**Premier été,** ci-dessous Durant le premier été, les arbustes et vivaces à demeure ne sont pas encore établis. On leur a adjoint des annuelles et plantes à massifs très colorées, pour masquer les trous. Le thème rouge, jaune et orange est cependant bien perceptible et donne une idée du résultat final.

**Premier été**

**Deuxième été,** à droite L'été suivant, la plupart des vivaces sont « à point ». Le petit *Coreopsis verticillata* 'Moonbeam', en lisière, s'est étoffé ; *Solidago* 'Crown of Rays' s'étend ; les deux crocosmias prennent de l'ampleur, *Helenium* 'Butterfly' et 'Moerheim Beauty' commencent aussi à s'élargir ; *Atriplex hortensis rubra* s'est ressemé. Les arbustes se sont établis, mais les vivaces doivent encore remplir les vides entre eux, en attendant qu'ils grandissent. Les lobélias, cannas, ricins et amaranthes sont toujours employés, mais plus discrètement, et les plantes principales prennent la vedette. Les vides sont encore comblés par les pétunias, penstémons et pélargoniums.

**Troisième été,** ci-dessus Les arbustes ont atteint leur taille adulte. La platebande s'est remplie de ses vrais locataires, qui commencent à jouer leur rôle. Les grands crocosmias et *Helenium*, en touffes naturellement denses, se détachent du lot – ils nécessiteront peut-être une division s'ils s'étoffent encore. Les ombelles jaunes de *Achillea filipendulina* 'Gold Plate' ont pointé le nez. Les dahlias sont encore là, pour l'arrière-saison, mais, désormais, il n'y a plus de vides entre les vivaces.

**Un plan à 5 ans** Tout le monde a besoin d'espace vital et, comme les plantes ne sont pas mobiles, c'est au jardinier de leur donner la place pour être à l'aise et prendre leur forme naturelle. Souvent, dans les petits jardins, le choix se réduit à simplement « bourrer » les plantes, les unes sur les autres. Je l'ai fait moi-même, pressée d'habiller le moindre coin de terre nue. Un plan raisonné, cependant, doit tenir compte des effets du temps et permettre à chaque végétal de s'étaler à loisir. Dans cet objectif, on doit connaître la taille adulte de chacun dès le départ pour espacer correctement chaque jeune sujet. Il est difficile de s'y plier quand on est impatient de créer un massif ou une plate-bande. La tentation est grande d'obtenir un effet immédiat et, parfois, en regardant les jeunes plants, on imagine mal ce qu'ils vont devenir.

**Première année**

**Troisième année,** ci-dessous Au troisième été, les arbustes ont commencé à investir la place. Les deux conifères, entre autres, deviennent des sujets de plus en plus marqués ; mais *Acer davidii*, à moins d'être retaillé, créera une cime importante qui gênera les plantes proches. Entre ces buissons, les vivaces prennent aussi de l'ampleur. Par exemple, *Euphorbia characias wulfenii*, panachée, finira par devenir une grosse touffe ; la sauge pourpre (*Salvia officinalis* groupe Purpurascens), *Osteospermum* 'Silver Sparkler' et *Sedum populifolium*, parfumé, coloniseront peu à peu la lisère du massif.

**Première année,** ci-dessus Dans la trame d'arbustes persistants et caducs, on a installé une gamme de vivaces variées pour donner rapidement de la couleur en attendant l'établissement des plantes principales. Au bout des douze premiers mois, ces vivaces sont bien établies, y compris la digitale (*Digitalis grandiflora*). Dressé, linéaire, *Kniphofia* 'Percy's Pride' se distingue par ses épis jaune chartreuse, tout comme les hémérocalles, *Hemerocallis* 'Wichford', et les inflorescences plumeuses de *Macleaya cordata*. À ces plantes érigées d'autres répondent par leur feuillage linéaire. Ce sont les liriopes (*Liriope muscari*), vivaces traçantes à épis violets ou lavande et à feuilles luisantes rubanées. L'iris gigot (*Iris foetidissima*) et *Elymus hispidus*, aux élégantes feuilles bleu acier, se distinguent déjà. Le géranium des prés bleu, *Geranium pratense* 'Mrs Kendall Clark', et *Aster thomsonii* 'Nanus', lilas, apporteront une meilleure contribution au fil des ans.

**Troisième année**

Dans cette bordure ensoleillée, l'importance des arbustes face aux autres plantes, herbacées, a été soigneusement prise en compte. À l'arrière, promesse d'une future charpente, un réseau de persistants a été installé, à base de houx panaché (*Ilex aquifolium* 'Aureomarginata'), du laurier-cerise vernissé (*Prunus laurocerasus*) et de *Sarcococca confusa*, très parfumé.

À chaque extrémité, les étroits ifs fastigiés (*Taxus baccata* 'Fastigiata') les encadrent. Quelques feuilles, comme celles de *Cotinus* 'Grace', bronze rosé, qui flamboie en automne, *Rosa glauca* (syn. *R. rubrifolia*), pourpre métallisé, le cornouiller à bois rouge (*Cornus alba* 'Elegantissima') et *Brachyglottis compacta* 'Sunshine', toujours argenté et à fleurs estivales dorées, ajoutent une tache colorée à la scène.

Légende (H = hauteur ;
É = étalement)

**1.** *Escallonia* 'Iveyi', H et É : 3 m
**2.** *Cotinus* 'Grace', H : 10 m ; É : 8 m
**3.** *Ilex aquifolium* 'Aureomarginata', H : 15 m ; É : 5 m
**4.** *Prunus laurocerasus* 'Castlewellan', H : 6 m ; É : 10 m
**5.** *Acer davidii*, H et É : 15 m
**6.** *Taxus baccata* 'Fastigiata', H : 10-15 m ; É : 5-10 m
**7.** *Cornus alba* 'Elegantissima', H et É : 1,50 m
**8.** *Rosa glauca*, H : 1,80 m ; É : 1,50 m
**9.** *Sarcococca confusa*, H et É : 90 cm
**10.** *Digitalis grandiflora*, H : 75 cm ; É : 30 cm
**11.** *Viola cornuta*, H : 15-20 cm ; É : 20 cm
**12.** *Elymus hispidus*, H : 90 cm ; E : 60 cm
**13.** *Hosta* 'Halcyon', H : 30 cm ; É : 90 cm
**14.** *Macleaya cordata*, H : 1,50 m ; É : 60 cm
**15.** *Euphorbia dulcis* 'Chameleon', H et É : 60 cm
**16.** *Osteospermum* 'Silver Sparkler', H : 30 cm ; É : 45 cm
**17.** *Salvia officinalis* groupe Purpurascens, H : 60 cm ; É : 90 cm
**18.** *Kniphofia* 'Percy's Pride', H : 90 cm ; É : 50 cm
**19.** *Artemisia absinthium* 'Lambrook Silver', H : 80 cm ; É : 50 cm
**20.** *Brachyglottis compacta* 'Sunshine', H : 90 cm ; É : 1,50 m
**21.** *Salvia verticillata* 'Alba', H : 60 cm ; É : 90 cm
**22.** *Hemerocallis* 'Whichford', H : 75 cm ; É : 90 cm
**23.** *Aster thomsonii* 'Nanus', H : 45 cm ; É : 25 cm
**24.** *Liriope muscari*, H : 30 cm ; É : 45 cm
**25.** *Artemisia lactiflora* groupe Guizhou, H : 1,20-1,50 m ; É : 50 cm
**26.** *Euphorbia characias wulfenii* 'Burrow Silver', H et É : 1,20 m
**27.** *Sedum populifolium*, H : 30-45 cm ; É : 30 cm
**28.** *Euonymus fortunei* 'Emerald Gaiety', H : 90 cm ; É : 1,50 m
**29.** *Iris foetidissima*, H : 30-90 cm ; É : continu
**30.** *Geranium pratense* 'Mrs Kendall Clark', H : 75 cm ; É : 60 cm

**Cinquième année,** ci-dessus Après cinq ans, la bordure est généreuse et bien développée. Le houx a dépassé la hauteur d'homme, et les ifs, bien que moins développés, ont bien poussé. Tous les arbustes prennent peu à peu le pas sur les vivaces, mais *Macleaya*, sans surveillance, risque de s'étendre. De fait, on arrive au stade où, dans une mixed-border, il faut aérer assez fortement la plantation. Nombre de vivaces remplissent bien leur tâche les cinq premières années, après quoi vient le moment de faire des choix et d'en transplanter ailleurs.

# INDEX

Les pages en italiques renvoient aux illustrations

# REMERCIEMENTS


Clive Nichols remercie les paysagistes, les particuliers et les associations qui suivent d'avoir accepté qu'il photographie leurs jardins.

LÉGENDE : h. = haut b. = bas g. = gauche c. = centre d. = droite p. = paysagiste

p. 1 p. Piet et Anja Oudolf, Hummelo, Hollande p. 2-3 Bosvigo House, Truro, Cornouailles p. Michael et Wendy Perry p. 4-5 h.g. Little Court, Crawley, Hants h.c. Coton Manor Gardens, Ravensthorpe, Northants h.d. Barnsley House, Barnsley, Glos c.g. The White House, Burpham, Sussex p. Elisabeth Woodhouse c.d. p. Piet et Anja Oudolf, Hummelo, Hollande b.g. Eastgrove Cottage Garden and Nursery, Sankyns Green, Worcs b.c. p. Keeyla Meadows, San Francisco b.d. Greystone Cottage, Kingwood Common, Oxon p. 6 Redenham Park, Hants p. Olivia Clarke p. 7 Hadspen House Garden and Nursery, Somerset p. Sandra et Nori Pope p. 8 g. Bosvigo House, Truro, Cornouailles p. Michael et Wendy Perry p. 8-9 La Casella, France p. Claus Scheinert p. 9 d. Redenham Park, Hants p. Olivia Clarke p. 10 The Anchorage, Kent p. Wendy Francis p. 11 h. The Old Rectory, Sudborough, Northants b. Greenhurst Garden, Sussex p. Gilly Hopton p. 12 encart Pro Carton Garden, Chelsea 1996 p. Julie Toll p. 12-13 Benington Lordship, Herts p. 13 d. The Savill Garden, Surrey p. 14 Tuinen Ton Ter Linden, Ruinen, Hollande p. 15 g. p. Piet et Anja Oudolf, Hummelo, Hollande h. p. Piet et Anja Oudolf, Hummelo, Hollande p. 16 h. Feibusch Garden, San Francisco b. p. Sarah Hammond, Californie p. 17 p. Gordon White, Austin, Texas p. 18-19 The White House, Burpham, Sussex p. Elisabeth Woodhouse p. 20 Bourton House, Glos p. 21 Manoir Aux Quat' Saisons, Oxon p. 22 g. Barnsley House, Barnsley, Glos d. The White House, Burpham, Sussex p. Elisabeth Woodhouse p. 23 g. Coton Manor Gardens, Ravensthorpe, Northants d. White Windows, Longparish, Hants p. 24 g. p. Gordon White, Austin, Texas d. Huntington Botanical Gardens, Los Angeles p. 25 g. Ashtree Cottage, Wilts d. Strybing Arboretum, San Francisco p. 26 h. d. Piet et Anja Oudolf, Hummelo, Hollande b. Huntington Botanical Gardens, Los Angeles p. 27 h. p. Piet et Anja Oudolf, Hummelo, Hollande b. Tuinen Ton Ter Linden, Ruinen, Hollande p. 28 The Old Vicarage, East Ruston, Norfolk p. Graham Robeson et Alan Gray p. 29 h. The Beth Chatto Gardens, Elmstead Market, Essex c. Wollerton Old Hall, Shropshire b. Butterstream, Trim, County Meath, Irlande p. 30 g. The White House, Burpham, Sussex p. Elisabeth Woodhouse c. La Casella, France p. Claus Scheinert d. Mottisfont Abbey, Hants p. 31 g. Bosvigo House, Truro, Cornouailles p. Michael et Wendy Perry d. Wollerton Old Hall, Shropshire p. 32 g. Lakemount, Glanmire, County Cork, Irlande p. Brian Cross d. Meadow House, Wolverton Common, Berks p. 33 g. Barnsley House, Glos d. Wollerton Old Hall, Shropshire p. 34 g. 40, Osler Road, Oxon c. Ashtree Cottage, Wilts d. 40, Osler Road, Oxon p. 35 g. Barnsley House, Glos d. jardin de Monsieur Fraser, West Sussex p. Julian Treyer-Evans p. 36 h. Tuinen Ton Ter Linden, Ruinen, Hollande b. Wollerton Old Hall, Shropshire p. 37 h. Huntington Botanical Garden, Los Angeles c. Jardin Canario, Gran Canaria, Canary Islands b. p. Roger Raiche, San Francisco, Californie p. 38 h. Sticky Wicket, Dorset p. Peter et Pam Lewis b. p. Sarah Hammond, Californie p. 39 h. p. Sarah Hammond, Californie b. Huntington Botanical Garden, Los Angeles p. 41 p. Sarah Hammond, Californie p. 42 The White House, Burpham, Sussex p. Elisabeth Woodhouse p. 43 Bourton House, Oxon p. 44 h. p. Sue Berger, Bristol, Avon c. p. Malley Terry b. Tuinen Ton Ter Linden, Ruinen, Hollande p. 45 h. Chelsea 1994 p. Lucy Huntington b. Butterstream, Trim, County Meath, Irlande p. 46 g. Exbury Gardens, Hants d.h. Ivy Cottage, Dorset b.d. North Springs, Fittleworth, West Sussex p. 47 h. Wollerton Old Hall, Shropshire c. Hexham Herbs, Northumberland b. Longacre, Kent p. 48 g. p. Roger Raiche, San Francisco c.g. Strybing Arboretum, San Francisco c.d. Huntington Botanical Garden, Los Angeles d. Butterstream, Trim, County Meath, Irlande p. 49 g. Eastgrove Cottage Garden, Sankyns Green, Worcs p. Carol et Malcolm Skinner c.g. Strybing Arboretum, San Francisco c.d. Eastgrove Cottage Garden, Sankyns Green, Worcs p. Malcolm et Carol Skinner d. p. James David, Texas p. 51 c.g. East Lambrook Manor, Somerset b. Huntington Botanical Garden, Los Angeles h.c. p. Myles Challis, Londres h.d. Feibusch Garden, San Francisco b.d. Copton Ash, Kent p. 52 g. p. James David, Austin Texas c. Mottisfont Abbey, Hants d. The Priory, Kemerton, Worcs p. 53 g. p. Dan Pearson c. p. Mark Brown, Normandie, France d. The Beth Chatto Gardens, Elmstead Market, Essex p. 54 h. Royal Horticultural Society's Garden, Surrey c. Bourton House Garden, Glos b. p. Roger Platts p. 55 Hadspen House Garden and Nursery, Somerset p. Sandra et Nori Pope p. 56 h.g. Wollerton Old Hall, Shropshire h.d. Lower Hall, Worfield, Shropshire b. p. Piet et Anja Oudolf, Hummelo, Hollande p. 58 g. Lower Hall, Worfield, Shropshire d. p. Suzanne Porter, San Francisco p. 59 h. Eastgrove Cottage Garden and Nursery, Sankyns Green, Worcs p. Malcolm et Carol Skinner b. Wollerton Old Hall, Shropshire p. 60 h. Longacre, Kent c. Coates Manor, Sussex b. University Botanic Garden, Cambridge, Camb p. 61 h. The White House, Burpham, Sussex p. Elisabeth Woodhouse b. The Dillon Garden, Dublin, Irlande p. 62 g. jardin de Monsieur Fraser, West Sussex p. Julian Treyer-Evans c. Copton Ash, Kent d. jardin de Monsieur Fraser, West Sussex p. Julian Treyer-Evans p. 63 g. jardin de Monsieur Fraser, West Sussex p. Julian Treyer-Evans c. Hadspen House Garden and Nursery, Somerset p. Sandra et Nori Pope d. Coton Manor Gardens, Ravensthorpe, Northants p. 65 The Old Vicarage, East Ruston, Norfolk p. Graham Robeson et Alan Gray p. 66 The Dillon Garden, Dublin, Irlande p. 67 The Dillon Garden, Dublin, Irlande p. 68 g. The White House, Burpham, Sussex p. Elisabeth Woodhouse c. Chenies Manor Garden, Bucks d. Feibusch Garden, San Francisco p. 69 Little Coopers, Eversley, Hants p. 70 h. White Windows, Longparish, Hants b. Leonardslee Gardens, Handcross, Sussex p. 71 g. The Old Rectory, Tidmarsh, Berks d. p. Sheila Jackson, Londres p. 72 h. p. Piet et Anja Oudolf, Hummelo, Hollande b. p. Piet et Anja Oudolf, Hummelo, Hollande p. 73 h.g. Coton Manor Gardens, Ravensthorpe, Northants h.d. Coton Manor Gardens, Ravensthorpe, Northants b.g. Chenies Manor Garden, Bucks b.d. Bosvigo House, Truro, Cornouailles p. Wendy et Michael Perry p. 74 Herterton House Garden, Cambo, Morpeth, Northumberland p. 75 g. Bosvigo House, Truro, Cornouailles p. Wendy et Michael Perry d. The Priory, Kemerton, Worcs p. 76 h. p. Piet et Anja Oudolf, Hummelo, Hollande c. Sleightholme Dale Lodge, Fadmoor, North Yorkshire b. p. Piet et Anja Oudolf, Hummelo, Hollande p. 77 h.g. Little Coopers, Eversley, Hants d. Eastgrove Cottage Garden and Nursery, Sankyns Green, Worcs b. Bourton House, Oxon p. 78 h. Coates Manor, Sussex b. Tuinen Ton Ter Linden, Ruinen, Hollande p. 79 g. The White House, Burpham, Sussex p. Elisabeth Woodhouse c. The Dillon Garden, Dublin, Irlande d. Barnsley House, Glos p. 80 Wollerton Old Hall, Shropshire p. 81 h.g. The Telegraph Garden, Chelsea 1995 p. Arabella Lennox-Boyd h.d. Chenies Manor Garden, Bucks b.g. Chenies Manor Garden, Bucks p. 81 bd. p. Olivia Clarke p. 82 Chenies Manor Garden, Bucks p. 85 h.g. Wollerton Old Hall, Shropshire b.g. Tuinen Ton Ter Linden, Ruinen, Hollande h.d. Meadow House, Wolverton Common, Berks c.d. The Beth Chatto Gardens, Elmstead Market, Essex b.d. Herterton House Garden, Cambo, Morpeth, Northumberland p. 86 h.d. Wollerton Old Hall, Shropshire h.c. Little Coopers, Eversley, Hants h.d. Strybing Arboretum, San Francisco c.g. The Priory, Kemerton, Worcs c.c. Chenies Manor Garden, Bucks c.d. Wollerton Old Hall, Shropshire b.g. Lakemount, Glanmire, County Cork, Irlande b.c. Hadspen House Garden and Nursery, Somerset p. Sandra et Nori Pope b.d. The Dillon Garden, Dublin, Irlande p. 88 Feibusch Garden, San Francisco p. 89 h.g. Wollerton Old Hall, Shropshire h.d. Coton Manor Gardens, Ravensthorpe, Northants b.g. Coton Manor Gardens, Ravensthorpe, Northants b.d. The Dillon Garden, Dublin, Irlande p. 91 Coton Manor Gardens, Ravensthorpe, Northants p. 93 Coton Manor Gardens, Ravensthorpe, Northants p. 94 g. Bosvigo House, Truro, Cornouailles p. Michael et Wendy Perry c. The Priory, Kemerton, Worcs d. The Castle Grounds, Guildford, Surrey p. 95 g. Bosvigo House, Truro, Cornouailles p. Michael et Wendy Perry c. Chenies Manor Garden, Bucks d. Royal Horticultural Society's Garden, Surrey p. 96 h. Ashtree Cottage, Wilts c. La Casella, France. p. Claus Scheinert b. Eastgrove Cottage Garden, Sankyns Green, Worcs p. Malcolm et Carol Skinner p. 97 h. Meadow House, Wolverton Common, Berks b. Wollerton Old Hall, Shropshire p. 98 h. The Anchorage, Kent b. Ashtree Cottage, Wilts p. 99 g. Eastgrove Cottage Garden, Sankyns Green, Worcs p. Malcolm et Carol Skinner d. The Anchorage, Kent p. 101 h.g. Bourton House, Glos h.c. Butterstream, Trim, County Meath, Irlande h.d. The Beth Chatto Gardens, Elmstead Market, Essex c.g. p. Lucy Huntington c.c. Chenies Manor Garden, Bucks c.d. p. Piet et Anja Oudolf, Hummelo, Hollande b.g. Chenies Manor Garden, Bucks b.c. Wollerton Old Hall, Shropshire b.d. Country Living Garden, Chelsea 1995 p. Rupert Golby p. 102 g. p. Piet et Anja Oudolf, Hummelo, Hollande c. p. Sue Berger, Bristol, Avon d. p. Piet et Anja Oudolf, Hummelo, Hollande p. 103 g. The Old Vicarage, East Ruston, Norfolk p. Alan Gray et Graham Robeson c. The White House, Burpham, Sussex p. Elisabeth Woodhouse d. Country Living Garden, Chelsea 1995 p. Rupert Golby p. 104 h.g. p. Keeyla Meadows, San Francisco h.d. p. Keeyla Meadows, San Francisco b. The Castle Grounds, Guildford, Surrey p. 105 Little Coopers, Eversley, Hants p. 106 h. The Sir Harold Hillier Gardens and Arboretum, Hants c.h. Lower House Farm, Gwent, Pays de Galles c. The Picton Garden, Colwall, Worcs b. Eastgrove Cottage Garden, Sankyns Green, Worcs p. 107 The Harcourt Arboretum, Nuneham Courtenay, Oxon p. 108 h. University Botanic Garden, Cambridge, Camb b. The Old Vicarage, East Ruston, Norfolk p. 109 h. The Dingle, Welshpool, Pays de Galles b. Hodsock Priory, Notts p. 112 Butterstream, Trim, County Meath, Irlande p. 113 Strybing Arboretum, San Francisco p. 114 The Beth Chatto Gardens, Elmstead Market, Essex p. 115 h.g. Coton Manor, Ravensthorpe, Northants d. The Beth Chatto Gardens, Elmstead Market, Essex b. Leonardslee, Sussex p. 116 h. La Mortola, Vintimille, Italie b. The Beth Chatto Gardens, Elmstead Market, Essex p. 116-117 Strybing Arboretum, San Francisco p. 117 d. La Mortola, Vintimille, Italie p. 119 p. Dan Pearson p. 120 g. Dartington Hall, Devon encart Benington Lordship, Herts p. 120-121 North Springs, Sussex p. Anne Waring p. 121 d. Greystone Cottage, Oxon p. 122 h. Strybing Arboretum, San Francisco g. The Wildflower Centre, Austin, Texas p. 123 Cerney House, Glos encart Strybing Arboretum, San Francisco p. 124 g. Ashtree Cottage, Wilts p. 124-125 Little Coopers, Eversley, Hants p. 125 h. Coton Manor Gardens, Ravensthorpe, Northants b. Little Coopers, Eversley, Hants p. 126 g. Overbecks, Devon p. 126 d. p. James David, Austin, Texas p. 128 g. Coton Manor Gardens, Ravensthorpe, Northants d. Chiffchaffs, Bourton, Dorset p. 128-129 Leonardslee, Sussex p. 129 d. Duckyls, Sharpthorne, West Sussex p. 130 Mottisfont Abbey, Hants encart Butterstream, Trim, County Meath, Irlande p. 131 g. Little Court, Crawley, Hants d. Little Court, Crawley, Hants p. 132 Huntington Botanical Garden, Los Angeles p. 133 Eastgrove Cottage Garden and Nursery, Sankyns Green, Worcs. p. Malcolm and Carol Skinner p. 134 h. The Priory, Kemerton, Worcs b. Coates Manor, Sussex p. 135 h. White Windows, Longparish, Hants b. York Gate, Leeds, Yorkshire p. 136 Ashtree Cottage, Wilts p. 137 h.g. Eastgrove Cottage Garden and Nursery, Sankyns Green, Worcs h.d. Eastgrove Cottage Garden and Nursery, Sankyns Green, Worcs b. White Windows, Longparish, Hants p. 138 Bosvigo House, Truro, Cornouailles p. Michael and Wendy Perry p. 139 h. Coton Manor Gardens, Ravensthorpe, Northants b. Chenies Manor, Bucks p. 141 Eastgrove Cottage Garden and Nursery, Sankyns Green, Worcs p. Malcolm and Carol Skinner p. 142 h. Barnsley House, Glos p. 142 b. p. Pam Schwert et Sibylle Kreutzberger, Glos p. 143 p. Pam Schwert et Sibylle Kreutzberger, Glos p. 144 h.g. Lower House Farm, Gwent, Pays de Galles p. 144 c. Chenies Manor, Bucks d. Eastgrove Cottage Garden and Nursery, Sankyns Green, Worcs p. Malcolm and Carol Skinner p. 145 The Old Rectory, Burghfield, Berks encart The Old Rectory, Burghfield, Berks p. 146 h. East Lambrook Manor, Somerset b. East Lambrook Manor, Somerset p. 150 Eastgrove Cottage Garden and Nursery, Sankyns Green, Worcs p. Malcolm and Carol Skinner p. 151 h.g. Wollerton Old Hall, Shropshire c. Wollerton Old Hall, Shropshire d. Vale End, Surrey b. Wollerton Old Hall, Shropshire p. 153 The Priory, Kemerton, Worcs p. 155 White Windows, Longparish, Hants